Aries

A pesar de haber puesto el máximo cuidado en la redacción de esta obra, el autor o el editor no pueden en modo alguno responsabilizarse por las informaciones (fórmulas, recetas, técnicas, etc.) vertidas en el texto. Se aconseja, en el caso de problemas específicos —a menudo únicos— de cada lector en particu lar, que se consulte con una persona cualificada para obtener las informaciones más completas, más exac tas y lo más actualizadas posible.

EDITORIAL DE VECCHI, S. A. U. El editor agradece a Rudy Stauder, director de Astra, su valiosa colaboración. .

Diseño gráfico de la cubierta de © YES.
Fotografía de la cubierta de © Andy Zito/Getty Images.

Costanza Caraglio
con la colaboración de Chiara Bertrand

Aries

De Vecchi
DVE Ediciones

Índice

Introducción

Cuando el editor me propuso colaborar en la colección de astrología que planeaba publicar y me preguntó de qué signos podría ocuparme, escogí instintivamente los cuatro primeros. La razón, al principio inadvertida, se me reveló con claridad más tarde. En este volumen explicaré por qué elegí Aries.

Siempre ha existido entre los nacidos bajo este ardiente signo y yo una relación de amor-odio. En parte, porque mi nodo lunar norte se encuentra en Aries, lo que significa que mi evolución espiritual está ligada a las características de este signo. Y en parte, porque siempre he envidiado su capacidad para lanzarse a la acción sin dudar, para tomar iniciativas sin un exceso de reflexión. A la vez, me ha molestado su forma de actuar, a menudo demasiado impetuosa y, en apariencia, poco atenta a la sensibilidad ajena.

Con mi Sol en Virgo y Marte en Libra, siempre he sentido la necesidad de sopesar los pros y los contras de cada decisión antes de actuar, de analizar cada ángulo de una cuestión y, sobre todo, de buscar la aprobación de quienes me rodean. Como consecuencia, muchas veces he perdido oportunidades por exceso de prudencia.

Sin embargo, en los últimos años, la influencia de Urano en Aries me ha ayudado enormemente, y mi relación con este signo se ha vuelto cada vez más amistosa y llena de significado. Ya no lo veo, como en el pasado, como un Sancho Panza embarcado en el asalto a molinos de viento. He aprendido a valorar su luminosidad, su franqueza sin segundas intenciones y, además, a percibir las inseguridades que, aunque bien escondidas, también forman parte de su naturaleza.

Tengo una amiga a la que quiero mucho, nacida bajo el signo de Aries. Me costó comprender la razón de sus risas frecuentes, esas carcajadas que parecen espontáneas e incontroladas, pero que en realidad le sirven para desdramatizar tensiones internas o temores profundos. Aprendí a apreciar su generosidad, aunque a veces ofuscada por la necesidad de protagonismo, esa impulsividad que rara vez se detiene a considerar si sus palabras o acciones pueden ser inoportunas o herir a alguien.

También tuve la suerte de conocer a un Aries excepcional, un hombre al que le debo mucho, pues me ayudó a recorrer el camino de la consciencia y estimuló en mí una creatividad latente que hasta entonces no había expresado. Ese hombre fue Baba Bedi. Creo que representa el mejor ejemplo de un Aries evolucionado.

Baba Bedi, que militó junto a Gandhi por la independencia de la India y cuya entrega a esa causa dejó secuelas en su cuerpo, encarna al héroe solar que busca el vellocino de oro para su patria. En él vislumbro el fuego de la pasión pura, el inspirador de entusiasmos. Y en su retiro de la vida pública por elección mística, veo la sencillez del sacrificio. Él representa la más alta expresión del signo de Aries, la meta a la que cada persona nacida bajo este signo puede aspirar para dar verdadero significado a su existencia.

No todos los Aries tendrán en la vida una misión semejante, pero les deseo que sepan dirigir su energía y entusiasmo hacia causas nobles, sin perderse en trivialidades. Que recuerden siempre que son los primeros en la rueda del zodiaco, lo que les otorga una responsabilidad moral hacia aquellos que, de un modo u otro, los siguen o tienen la suerte de caminar a su lado en el largo y complejo viaje de la vida.

COSTANZA CARAGLIO

Primera parte

DEDICADO A TODOS LOS ARIES

por *Costanza Caraglio*

Mitología y simbolismo

Una de las claves para comprender la astrología es el conocimiento del mito y su interpretación en clave moderna. En los mitos se esconde siempre una verdad de orden moral y espiritual, vestida con trajes alegóricos, que la astrología hace suya y cuya simbología el astrólogo debe descifrar. A través del mito, podemos resignificar nuestros miedos, virtudes y pecados. Nos permite comprender las bases arquetípicas de la naturaleza humana, reflejadas en el significado de los signos zodiacales y los planetas que componen un tema astral. El propio C. G. Jung veía en el mito la expresión del inconsciente colectivo, es decir, el depósito de toda la experiencia humana acumulada a lo largo de milenios de evolución.

Por lo tanto, la astrología, a través de la metáfora mitológica y la sucesión de los signos, nos cuenta la historia de la humanidad y nos da indicaciones sobre el camino que aún debemos recorrer. ¿Qué es, en esencia, la mitología, con sus personajes, ritos e historia metafísica, sino el mundo entero dentro de nosotros? Lo que hemos sido, lo que somos y lo que seremos.

Son numerosos los mitos asociados al signo de Aries, pero quizá el más conocido es el del vellocino de oro en la mitología griega. La leyenda cuenta que Poseidón, para unirse a la bella Teófana, la transformó en oveja y él mismo adoptó la forma de un carnero. De esta unión nació un carnero de vellocino de oro, que más tarde salvó a Frixo y Hele, los hijos del rey Atamante, cuya madrastra quería sacrificar. El carnero voló sobre los mares de Grecia con los dos jóvenes a lomos, pero Hele, exhausta, cayó al mar, que en su honor recibió el nombre de Helesponto. Frixo, resistiendo el hambre y el cansancio, llegó a Cólquida, donde se casó con la hija del rey Eetes. El carnero fue sacrificado a Zeus, quien lo convirtió en una constelación y le dio el nombre de Ares (Marte para los romanos), símbolo del espíritu guerrero y más tarde del dios de la guerra. El vellocino de oro quedó colgado de una encina, custodiado por un feroz dragón.

Mientras tanto, Jasón, criado por Quirón en los bosques del monte Pelión, aspiraba a recuperar el trono de su padre en Yolco, usurpado por Pelias. Este accedió a devolverle el reino solo si lograba traer el vellocino de oro de Cólquida. Así comenzó la expedición de los Argonautas, quienes, a bordo de la nave Argos, se enfrentaron a innumerables peligros antes de llegar a su destino. El rey Eetes puso a Jasón pruebas casi imposibles, que solo pudo superar gracias a la ayuda de Medea, hija del monarca, quien, enamorada de él, le prometió su apoyo a cambio de matrimonio. Con sus artes mágicas, Medea adormeció al dragón y permitió que Jasón se apoderara del vellocino.

Pero la historia se tornó trágica. Medea, traicionada cuando Jasón quiso casarse con Glauco, hija del rey Creonte, se vengó brutalmente: asesinó a Pelias, a su propio padre y a sus dos hijas, e incluso a los hijos que había tenido con Jasón. El propio héroe murió de forma ignominiosa, aplastado por un fragmento de su propia nave. Según otras versiones, perdió la razón debido al dolor. El vellocino de oro terminó en el templo de Zeus en Orcómeno, cerrando así el ciclo de su leyenda.

De este mito emerge con claridad el aspecto heroico del signo de Aries: Frixo afronta un viaje incierto con la inconsciencia de la juventud; Jasón combate con audacia impulsiva, sin medir los riesgos ni las consecuencias, y su carácter temerario lo lleva a la ruina. La caída de Hele en el mar puede asociarse con la falta de suavidad y paciencia que a veces caracteriza a los arianos.

Otro héroe vinculado a Aries en la tradición védica es Karna, hijo del dios Sol y de Kunti. Para entregar a Indra la coraza que lo hacía inmortal, se arrancó partes de su propio cuerpo con un cuchillo. Finalmente, murió a manos de su hermano en el campo de batalla. En este mito, la sangre derramada adquiere un valor sagrado de inmortalidad, mientras que el sacrificio simboliza la sumisión a la voluntad del Creador.

La conexión de Aries con el sacrificio se encuentra también en otras culturas. En Egipto, Amón, dios de la fecundidad, se representaba con cabeza de carnero. En las antiguas tradiciones pastoriles, el dios de los carneros protegía e instruía a los pastores. En la tradición hebrea, el carnero es un símbolo de redención. Cristo, como "buen pastor", es también el cordero que se sacrifica por la salvación de la humanidad, sublimando el derramamiento de sangre en un acto de redención espiritual.

Las referencias a Aries abundan en la mitología hindú, africana y china, siempre ligadas a la fuerza creadora, el fuego del sacrificio, la fertilidad y el erotismo.

El glifo de Aries es especialmente revelador: su forma evoca los cuernos redondeados del carnero, símbolo de fuerza y potencia generadora. Muchas tradiciones lo asocian con la sexualidad y la energía vital. En la antigüedad, el carnero era también un ariete de guerra, usado para derribar puertas en los asedios.

Curiosamente, el mismo símbolo puede recordar el útero femenino con las trompas de Falopio, o bien, girado, la imagen del falo en erección, aludiendo al impulso creador del signo.

El fuego, elemento de Aries, es también el fuego primordial, el que inicia, el que transforma. En la tradición védica, Aries está vinculado a los corderos sacrificados al dios del fuego. El fuego es pasión, deseo, ira. Aries, primer signo de fuego y cardinal, representa la chispa que enciende la vida.

Otro símbolo esencial de Aries es la primavera. ¿No es acaso esta estación la que, tras el letargo invernal, despierta la naturaleza con un estallido de energía y renovación? En el alfabeto griego, la letra gamma ( ) representa este renacer, al igual que el punto gamma del equinoccio de primavera.

No es casual que la Pascua, festividad del sacrificio y la redención, ocurra en primavera. Cristo fue concebido y murió en un día primaveral, dando inicio a una nueva era para la humanidad. De nuevo, Aries se asocia con el principio arquetípico de la creación.

El zodiaco simboliza el ciclo de la manifestación, y Aries es su impulso inicial. Desde este punto arranca la experiencia humana, que para alcanzar la perfección deberá transitar por las virtudes y desafíos de los otros once signos.

Si ha nacido el 20 o el 21 de marzo puede verificarlo en la siguiente tabla que muestra el momento de la entrada del Sol en el signo desde 1900 hasta el 2005. Los datos se refieren a las horas 0 de Greenwich. Para los nacidos en España, es necesario añadir una o dos horas al horario indicado (véase tabla de la pág. 55).

día	hora	min	día	hora	min	día	hora	min
21.3.1903	19	15	21.3.1939	12	28	21.3.1975	5	57
21.3.1904	0	59	20.3.1940	18	24	20.3.1976	11	50
21.3.1905	6	58	21.3.1941	0	20	20.3.1977	17	42
21.3.1906	12	53	21.3.1942	6	11	20.3.1978	23	34
21.3.1907	18	33	21.3.1943	12	3	21.3.1979	5	22
21.3.1908	0	27	20.3.1944	17	49	20.3.1980	11	10
21.3.1909	6	13	20.3.1945	23	37	20.3.1981	17	3
21.3.1910	12	3	21.3.1946	5	33	20.3.1982	22	56
21.3.1911	17	54	21.3.1947	11	13	21.3.1983	4	39
20.3.1912	23	29	20.3.1948	16	57	20.3.1984	10	25
21.3.1913	5	18	20.3.1949	22	48	20.3.1985	16	14
21.3.1914	11	11	21.3.1950	4	35	20.3.1986	22	3
21.3.1915	16	51	21.3.1951	10	26	21.3.1987	3	52
20.3.1916	22	47	20.3.1952	16	14	20.3.1988	9	39
21.3.1917	4	37	20.3.1953	22	0	20.3.1989	15	29
21.3.1918	10	26	21.3.1954	3	53	20.3.1990	21	19
21.3.1919	16	19	21.3.1955	9	35	21.3.1991	3	2
20.3.1920	21	59	20.3.1956	15	20	20.3.1992	8	48
21.3.1921	3	51	20.3.1957	21	16	20.3.1993	14	41
21.3.1922	9	49	21.3.1958	3	6	20.3.1994	20	28
21.3.1923	15	29	21.3.1959	8	55	21.3.1995	2	15
20.3.1924	21	20	20.3.1960	14	43	20.3.1996	8	3
21.3.1925	3	12	20.3.1961	20	32	20.3.1997	13	55
21.3.1926	9	1	21.3.1962	2	30	20.3.1998	19	55
21.3.1927	14	59	21.3.1963	8	20	21.3.1999	1	46
20.3.1928	20	44	20.3.1964	14	10	20.3.2000	7	36
21.3.1929	2	35	20.3.1965	20	5	20.3.2001	13	32
21.3.1930	8	30	21.3.1966	1	53	20.3.2002	19	16
21.3.1931	14	6	21.3.1967	7	37	21.3.2003	1	01
20.3.1932	19	54	20.3.1968	13	22	20.3.2004	6	50
21.3.1933	1	43	21.3.1969	19	8	20.3.2005	12	54
21.3.1934	7	28	21.3.1970	0	57	21.3.2006	18	27
21.3.1935	13	18	20.3.1971	6	38	21.3.2007	2	9
20.3.1936	18	58	20.3.1972	12	22	20.3.2008	6	49
21.3.1937	0	45	20.3.1973	18	13			
21.3.1938	6	43	21.3.1974	0	7			

Elemento:	Fuego
Calidad del signo:	cardinal, masculino
Planeta dominante:	Marte
Longitud en el zodiaco:	de 0° a 30°
Casa zodiacal:	I
Periodo estacional:	inicio de la primavera
Estrellas fijas:	Alpherat, Difida, Mirach
Color:	rojo
Día de la semana:	martes
Piedra:	rubí
Metal:	hierro
Perfume:	resina
Lema:	Yo soy
Cartas del Tarot:	el Papa, el Emperador, la Fuerza
Estados, regiones y ciudades:	Sicilia, Alemania, Japón
Analogías:	la iniciativa, la acción rápida, el espíritu de aventura, el guía, la cabeza, el hierro, el fuego, los objetos cortantes, los animales con cuernos, las plantas espinosas

Psicología y características del signo

La Personalidad

Aries y su planeta regente, Marte, representan la primavera de la vida: la juventud, la energía, el coraje, la primera creación, la voluntad (aunque no siempre la constancia), la virilidad y el impulso para comenzar. En su esencia, Aries simboliza la irrupción de energías puras, la llama vital, la inmediatez en la tensión y su descarga. Su naturaleza se asocia con el fuego, el hierro, el color rojo, los objetos cortantes, la pólvora, el dinamismo, la pasión y, en ocasiones, la violencia. Sin embargo, también encarna la capacidad de sacrificarse sin dudarlo.

Las personas predominantemente Aries no temen a nada y poseen una fuerte conciencia de sí mismas. A menudo, su valentía roza la temeridad, lanzándose a la acción sin reflexionar demasiado. Son líderes natos, entusiastas y capaces de contagiar su pasión a los demás. Sus batallas pueden parecer insurrecciones o conflictos fugaces, ya que su impaciencia les impide prolongar luchas por demasiado tiempo. Son orgullosos, intolerantes con la mediocridad, independientes y magnéticos. Si logran controlar su inconstancia, pueden alcanzar la genialidad.

Un marcado sentido del "yo" define el temperamento ariano. No toleran ser segundos de nadie y actúan siempre según sus impulsos, sin preocuparse demasiado por la sensibilidad ajena.

No obstante, su franqueza no nace de la maldad ni la hipocresía, sino de una autenticidad absoluta: dicen lo que piensan sin filtros. Sin embargo, su impulsividad los lleva a actuar sin prever consecuencias, como si fueran eternos adolescentes. Rara vez aprenden de experiencias pasadas, ya que tienden a olvidar lo que no les ha dado resultados satisfactorios. Esta actitud genera una inseguridad que ocultan, incluso ante sí mismos, con una gran confianza en sus capacidades.

Exuberantes e individualistas, Aries no se detiene ante obstáculos ni restricciones, ya que suele subestimar los peligros. Pero incluso si los percibe, su fuerte autoconfianza lo impulsa a desafiar cualquier adversidad. A menudo, parecen arrogantes, pero en realidad no prestan demasiada atención a los demás ni a los chismes. Siempre necesitan iniciar algo nuevo: un proyecto, una relación, un estudio. Brillan en la fase inicial de cualquier iniciativa, aunque su impaciencia puede hacerles abandonar antes de alcanzar la meta.

Sinceros hasta la grosería, se mueven por la vida convencidos de que sus acciones son justas. No conocen el miedo ni las dudas y a menudo rayan en la temeridad. "Todo y enseguida" es su lema, y aunque son almas puras, su falta de constancia les dificulta cultivar relaciones duraderas. Son generosos, aunque su generosidad puede parecer autoritaria. Luchan como antiguos guerreros cuando creen en una causa, independientemente de si alguien se los pide o no. Se encienden fácilmente, pero sus arrebatos son breves y nunca guardan rencor, adoptando el lema dantesco: "No te preocupes por ellos, solo mira y sigue adelante".

La paciencia no es su fuerte, ni con las personas ni con los procesos prolongados. El entusiasmo inicial suele dar paso a la intolerancia cuando las cosas tardan demasiado. Su egocentrismo les impide reconocer sus propios errores, y su amor por la novedad los lleva a anticiparse a tendencias futuras. En moda y estilo, siempre buscan destacar y diferenciarse.

Las mejores cualidades de Aries son, sin duda, su coraje, entusiasmo, independencia, curiosidad, capacidad de sacrificio y espontaneidad. Sin embargo, sin control, estas mismas cualidades pueden convertirse en defectos con consecuencias impredecibles.

El Niño Aries

Para la armonía familiar, lo ideal es que un niño Aries no nazca en un hogar de mentalidad rígida o excesivamente tradicionalista. Este pequeño líder innato exhibe un fuerte espíritu de independencia y curiosidad desde temprana edad. No se le puede dejar solo ni un minuto, ya que explorará cualquier rincón desconocido en busca de aventuras. Habla sin cesar, y cuando guarda silencio, probablemente está tramando algo. Es difícil enseñarle buenas maneras, a menos que las adquiera de forma natural, y aún más complicado hacer que permanezca quieto.

Valiente e impulsivo, no retrocede ante compañeros mayores, lo que puede llevarlo a casa con la ropa desordenada y la mochila olvidada en algún rincón. Cuando crece, se vuelve un pequeño conquistador, deseoso de demostrar su madurez. Las niñas Aries comparten muchas de estas características, destacándose como líderes entre sus amigas y proponiendo constantemente nuevas aventuras.

La Mujer Aries

La mujer Aries es difícil de ignorar. Exuberante, carismática e imponente en cualquier entorno, su presencia es siempre notoria. Brillante en sociedad, impone su carácter y suele ser el centro de atención. Su naturaleza alegre y segura de sí misma le otorga un atractivo especial. Le gusta la moda innovadora y los colores vivos, pero prefiere la comodidad del pantalón por su dinamismo.

Su sinceridad absoluta puede ser un arma de doble filo, ya que sus palabras a menudo carecen de filtros. Si crece en una familia tradicional, puede generar controversias con su comportamiento audaz. Sin embargo, su capacidad de amar es inmensa, y su deseo de maternidad surge de su fuerza creadora. Como madre, cree que sus hijos son los mejores del mundo y los apoya incondicionalmente, aunque si algo sale mal, culpa al entorno antes que a sí misma.

El Hombre Aries

El hombre Aries es un torbellino de energía, y si no canaliza bien su impulso, puede convertirse en un peligro. Nada lo detiene ni lo asusta, lo que a menudo le acarrea problemas. Es sociable, pero su ingenuidad lo hace vulnerable a quienes buscan aprovecharse de él. Su generosidad es innegable, aunque a veces responde a un deseo de reconocimiento. Si se deja guiar por el idealismo, se entrega a una causa incluso en su propio perjuicio.

Su reactividad es inmediata, y sus explosiones de emoción pueden destruir en un instante lo que ha construido con esfuerzo. En la familia, impone su autoridad y puede volverse agresivo si no se le escucha. Considera a sus hijos una extensión de su propio poder y sufre enormemente si lo decepcionan. Su necesidad de conquista se intensifica ante la resistencia, invirtiendo toda su energía en alcanzar lo que desea. Apasionado e impulsivo, puede arrastrar multitudes con su entusiasmo y determinación.

La Amistad con Aries

Exuberantes y arrolladores, los nacidos bajo el signo de Aries son auténticos torbellinos en el ámbito de la amistad. Se entusiasman rápidamente con quienes acaban de conocer, pero si encuentran resistencia, se repliegan con la misma velocidad tras un primer intento fallido. Necesitan llevar la razón y decidir qué es lo mejor para sus amigos, aunque la realidad no siempre coincida con su percepción.

Les cuesta captar los matices y, si Venus no suaviza su temperamento desde otro signo, pueden cometer errores, a veces graves. No conocen las medias tintas: pueden ser encantadores y estimulantes o, en un instante, volverse sarcásticos y antipáticos, especialmente cuando no se sienten valorados o comprendidos.

Su falta de prudencia y desconfianza los expone a frecuentes desilusiones. Su ingenuidad, unida a la creencia de que los demás son como ellos, los lleva a revelar fácilmente sus intenciones, lo que a menudo es aprovechado por otros. Aun así, poseen un carisma innegable que los distingue en cualquier entorno, generando admiración o rechazo sin término medio.

Incluso con sus amigos más cercanos, a quienes pueden profesar gran estima, no logran evitar ese impulso de rivalidad que es parte esencial de su naturaleza. Sin embargo, son leales y generosos, dispuestos a sacrificarse cuando es necesario, aunque su manera de demostrar afecto pueda parecer brusca. Alegres y dinámicos, siempre buscan nuevas aventuras en las que involucrar a todo su círculo, asumiendo el liderazgo de manera natural.

A veces pueden resultar agotadores, lo que con el tiempo puede alejarlos de algunos amigos. Pero Aries siempre tiene la capacidad de recomenzar... ¡y lo hace con la misma energía de siempre!

Según algunos investigadores, el ser humano, antes de su nacimiento, elige su propio plan de vida para continuar, en una nueva encarnación, las experiencias relacionadas con sus vidas pasadas. Para otros, es en cambio la divinidad quien decide las pruebas que el ser tendrá que superar. Sea como sea, en la nueva vida deberá saldar las deudas dejadas en suspenso, es decir, las consecuencias de aquellas acciones que en la existencia anterior no fueron del todo positivas. Para lograrlo, tendrá que enfrentarse a determinadas pruebas y, una vez superadas, habrá dado un salto cualitativo en su evolución espiritual, acercándose un paso más a la unión con lo divino.

La astrología, a través del estudio de los planetas, sus aspectos, los nodos lunares, los signos y las Casas, proporciona claves de interpretación sobre lo que se nos pide en la vida presente. Para quienes no creen en la reencarnación, puede servir como una guía para vivir su signo de la manera más consciente y evolutiva posible. (En este libro, nos enfocaremos solo en el signo de nacimiento, en este caso, Aries.)

Aries y la Evolución Espiritual

Aries, primer signo de fuego cardinal, representa la fuerza primordial y la energía creadora. Estas características son poderosas, pero pueden volverse en su contra si no se utilizan con un nivel superior de conciencia. La primera tarea del nacido bajo este signo es ampliar, en la mayor medida posible, su autoconocimiento. Este es el requisito indispensable para avanzar en el camino de la evolución personal.

Las formas de lograrlo son diversas. Aries debe recordar que su signo representa la experiencia inicial, la etapa más joven del zodiaco, lo que lo hace más propenso que otros a cometer errores. Al igual que un adolescente que a menudo actúa impulsivamente, Aries debe esforzarse por adoptar una actitud más reflexiva y humilde. De este modo, podrá canalizar su enorme fuerza hacia objetivos nobles y constructivos.

Los Aries conocen bien su impulso por la novedad y la necesidad de iniciar constantemente algo nuevo, pero a menudo no reconocen su dificultad para finalizar lo que empiezan. Por ello, es fundamental que aprendan a dirigir su energía creadora hacia Libra, su signo opuesto y complementario, que representa el equilibrio y la cooperación. Este proceso implica reducir el egocentrismo y desarrollar una mayor comprensión hacia los demás, quienes pueden brindarle el apoyo que necesita.

Como primer signo del zodiaco, Aries representa la fase inicial de la experiencia, que continuará a lo largo de los siguientes once signos antes de comenzar un nuevo ciclo a un nivel evolutivo superior. Detrás de su apariencia de fuerza juvenil y su necesidad de autoafirmación, Aries esconde miedos y contradicciones internas que rechaza inconscientemente. Si logra aceptar estos aspectos en lugar de ignorarlos, transformará sus temores en una mayor conciencia de sí mismo y mejorará sus relaciones con los demás. Al asumir con plena conciencia el desafío del inicio y proyectar su energía creadora hacia los demás de manera constructiva, Aries establecerá bases sólidas para futuras experiencias y avanzará más rápido en su camino espiritual.

La Casa de Aries

Para un Aries puro, la casa es un refugio al que regresa tras agotar sus energías en la acción. Es, en esencia, el "reposo del guerrero". No busca adornos ni refinamientos innecesarios, sino un espacio funcional y práctico. Sus muebles suelen ser modernos y resistentes, con amplios sillones donde pueda relajarse sin preocupaciones. Aries rara vez se mueve con cautela, por lo que los muebles con esquinas pronunciadas no son lo más recomendable para él.

El perchero es imprescindible: lanza su abrigo y accesorios en cuanto cruza la puerta, como si fuera una jabalina. La cocina no es un lugar prioritario, pero un microondas y una tostadora son imprescindibles. La nevera, preferiblemente con doble congelador, siempre está abastecida de alimentos rápidos para no perder tiempo cocinando.

El dormitorio es austero; una cama sencilla o incluso un colchón en el suelo pueden bastarle. En el comedor, prefiere un sofá espacioso y cojines en el suelo para los invitados, pues Aries necesita movimiento y no soporta quedarse mucho tiempo en un mismo lugar. Si puede, incluirá una chimenea, porque el fuego le resulta inspirador incluso en verano. Finalmente, un espacio para sus aficiones, a menudo vinculado al ejercicio físico, es una necesidad en su hogar.

Aficiones

El dinamismo es esencial en la vida de Aries. Rara vez lo encontrarás quieto en casa. Sus actividades favoritas implican movimiento: si dispone de espacio, instalará un gimnasio en casa; si no, se apuntará a uno público y lo frecuentará con regularidad para liberar tensiones.

Las artes marciales le atraen, aunque su impaciencia puede dificultar el aprendizaje disciplinado. También disfruta de la equitación, pero sin restricciones ni formalismos: prefiere galopar libremente por espacios abiertos. Para el Aries menos activo, un taller donde pueda desmontar motores o inventar dispositivos será su refugio ideal.

Regalos, Colores y Perfumes

Los regalos ideales para Aries son aquellos que le permitan canalizar su energía. Libros de aventuras, inscripciones en deportes de acción o equipos para actividades físicas serán bien recibidos. La ropa debe ser original y adecuada para el tiempo libre, evitando estilos formales o demasiado estructurados.

Sus colores favoritos son vibrantes: rojo, naranja intenso, verde brillante y azul eléctrico. Los tonos pastel, el gris y el beige le resultan indiferentes. En cuanto a perfumes, prefiere fragancias intensas y especiadas, evitando las demasiado dulces o florales.

Estudios, Profesiones y Dinero

Estudios ideales

Aries no es amigo de la rutina, por lo que necesita carreras que le ofrezcan desafíos constantes. Estudios en ingeniería, derecho, medicina, ciencias políticas o arquitectura pueden resultarle adecuados. Sin embargo, su impaciencia lo lleva a buscar experiencias prácticas antes que largas jornadas de estudio.

En el ámbito profesional, Aries destaca en cargos de liderazgo o en trabajos que impliquen acción y creatividad. Puede ser empresario, cirujano, deportista, ingeniero, mecánico, explorador o incluso artista de fuerte carácter, como lo fueron Goya o Van Gogh. Si elige el derecho, será un abogado combativo; si opta por la política, será un líder audaz.

El dinero no es su prioridad: gasta impulsivamente y rara vez planifica sus finanzas. Puede derrochar en caprichos, pero también ser generoso si considera que una causa lo amerita. A largo plazo, un buen socio o pareja con habilidades de gestión financiera le ayudará a equilibrar su economía.

Aries es pura energía en acción. Su desafío es aprender a canalizarla con inteligencia para evolucionar y alcanzar su mayor potencial.

Salidas Profesionales

Como hemos mencionado varias veces, Aries se adapta especialmente bien a profesiones que ofrecen libertad de iniciativa y movimiento. Su actitud natural tiende al liderazgo, aunque afortunadamente la democracia sigue avanzando, y el modelo de dictador está en vías de extinción. Por ello, Aries, sea hombre o mujer, suele ocupar posiciones de mando, aunque de manera más flexible y dinámica.

Lo ideal para Aries es orientarse hacia una profesión que le permita, en poco tiempo, librarse de interferencias y ejercer su autonomía. Su personalidad brilla en ámbitos donde se requiere audacia y rapidez mental. Aunque no siempre destaca por su constancia, da lo mejor de sí en trabajos que no sean rutinarios. En ambientes de dependencia puede resultar incómodo para sus compañeros, ya que su atrevimiento lo hace destacar rápidamente ante sus superiores. Sin embargo, esta ventaja puede volverse en su contra, pues Aries tiende a tomar iniciativas sin consultar, incluso pasando por alto jerarquías establecidas.

Las profesiones más adecuadas para Aries son aquellas en las que puede desarrollar su espíritu pionero y su liderazgo. Así, puede sobresalir en la dirección de empresas o en profesiones liberales que no lo sitúen en una posición de subordinación. Sabe cómo gestionar equipos y delegar tareas, aunque su estilo de liderazgo suele estar basado más en el respeto que en la simpatía. Incluso las mujeres Aries suelen elegir profesiones tradicionalmente masculinas y rehúyen los roles secundarios.

Con las diferencias individuales entre el Aries puro y aquellos con fuertes influencias de otros signos o casas astrológicas, algunas de las profesiones más adecuadas para este signo incluyen:

- Cirujano o dentista, destacando por su precisión y determinación.
- Político combativo, de los que proponen leyes en serie y luchan con energía para que se aprueben.
- Guía turístico o líder de expediciones, con la capacidad de dirigir grupos como si fueran tropas bien organizadas.
- Ingeniero proyectista, inventor o empresario con visión innovadora.
- Mecánico con taller propio, que a los veinte años ya tiene una clientela fija por su habilidad innata con motores.
- Herrero, artesano o instructor de artes marciales, donde pueda canalizar su energía física.
- Explorador o pionero, en el sentido más amplio del término.

- Artista con un enfoque enérgico y apasionado, como Goya o Van Gogh, que manejaban el pincel con la fuerza de una espada.
- Abogado audaz, que lleva sus casos con el fervor de una cruzada, aunque puede frustrarse si no obtiene éxito.
- Profesor dinámico y apasionado, admirado por sus alumnos por su entusiasmo contagioso.
- Militar de alto rango o deportista de élite, si Marte está bien posicionado en su carta natal.

En resumen, Aries se adapta a una infinidad de profesiones, siempre que le ofrezcan libertad de acción y la posibilidad de desplegar su creatividad, audacia y coraje. Si se quiere frustrar a un Aries, basta con confinarlo a un trabajo monótono, como cajero de banco, empleado de correos u operario en una cadena de montaje.

Dinero

Para Aries, el dinero es un concepto secundario frente a su propia existencia, que considera mucho más importante. Por ello, no es tacaño ni se preocupa demasiado por llevar un control financiero riguroso. Tiende a gastar sin medida, a veces incluso cuando sus recursos son limitados. Paradójicamente, es más propenso a hacer grandes gastos cuando tiene poco dinero que cuando su cuenta bancaria está holgada. En este último caso, al identificarse con su riqueza, su comportamiento financiero oscila entre la euforia y la austeridad extrema.

Puede privarse de lujos esenciales en un momento de pragmatismo y, poco después, derrochar en algo completamente innecesario solo porque ha despertado su imaginación. Para Aries, el dinero también es una herramienta de poder y estatus. Es generoso cuando sabe que un gran gesto puede mejorar su imagen pública, y le gusta destacarse por su magnanimidad. Sin embargo, no es amigo de los préstamos a menos que perciba una verdadera necesidad en la otra persona.

En materia de inversiones, Aries es impulsivo e impredecible. Puede comprar acciones, inmuebles o cualquier activo por un capricho, sin evaluar su rentabilidad. Por ello, lo ideal es que tenga a su lado una pareja o socio con una visión más racional y capacidad para gestionar el patrimonio. En general, no posee un gran sentido del ahorro ni de la economía y prefiere disfrutar del presente sin preocuparse demasiado por el futuro.

Curiosamente, con la edad, muchos Aries desarrollan una sorprendente avaricia que contrasta con su juventud desenfrenada. Este cambio puede ser su manera de intentar equilibrar los excesos de su pasado, aunque a menudo le resta un poco de su característico entusiasmo por la vida.

El Amor

Ella

En el amor, la mujer Aries puede ser simplemente espléndida, aunque no precisamente cómoda. Desde muy joven seduce con una mirada llena de significado, mostrando una confianza que la equipara al hombre, con quien jamás quiere sentirse en inferioridad. Por esta razón, rara vez le cede la iniciativa y, cuando alguien le interesa, lo deja claro de inmediato, sin rodeos.

Sincera e impulsiva, no se entretiene en juegos ni preliminares innecesarios: va directa al objetivo y, generalmente, logra lo que quiere. Su vitalidad es imponente y difícil de ignorar, atrayendo miradas masculinas pero también ciertas enemistades femeninas, que la ven como una rival en potencia.

Colecciona pretendientes con facilidad, convencida de que cada nueva conquista es la mejor de todas. Mientras dura esta fase de entusiasmo, es la compañera ideal: apasionada, generosa y llena de energía. Sin embargo, su carácter voluble hace que su entusiasmo se apague en cuanto descubre que su "ser ideal" es, en realidad, un simple mortal con defectos. Cuando esto ocurre, no duda en romper de manera tajante y seguir adelante.

Apasionada y ardiente, sabe sufrir por amor, pero nunca se deja someter por él. Puede lanzarse al matrimonio con determinación y, si todo va bien, se entrega completamente a la vida en pareja y a su familia, combinando con maestría sus responsabilidades personales y profesionales. No obstante, necesita sentirse impulsada por una "misión"; de lo contrario, su vida se vuelve caótica y frustrante.

A pesar de ser independiente, le atraen hombres con una buena posición social y económica, aunque no depende de ello. En cualquier caso, siempre se considera la reina de su territorio, imponiendo sus propias reglas con entusiasmo y humor. En la pareja, esto puede ser una ventaja, siempre que su compañero acepte su fuerte personalidad.

Si encuentra al hombre adecuado, es una de las mejores compañeras que se pueden tener: generosa, apasionada y protectora. Sin embargo, su sentido de la verdad es absoluto, y exige que se respete sin concesiones. Su ideal de pareja es alguien a quien pueda considerar su igual intelectual o incluso superior, pero, contradictoriamente, no soporta sentirse limitada. Necesita libertad en todo momento, y por eso suele atraer a hombres de carácter más débil, que ven en ella la fuerza que les falta. En estos casos, adopta un rol protector y desarrolla inesperadas muestras de ternura.

Fiel por naturaleza, prefiere la sinceridad a las mentiras. Si alguna vez cae en una infidelidad, lo vive con culpa y angustia. Cuando la traicionan, se siente impotente y humillada, y puede reaccionar con extrema violencia, como una Medea moderna, incapaz de aceptar un papel secundario en la historia de su propia vida.

Cuando la pasión se apaga y queda solo el cariño, su carácter se vuelve más estable y tolerante. Sus celos disminuyen, permitiéndole disfrutar de una relación más equilibrada y consciente.

Él

El hombre Aries es, en esencia, el conquistador nato. Seguro de sí mismo, no contempla la posibilidad de ser rechazado. Cuando alguien le interesa, se lanza al ataque con determinación, convencido de que el "no" no es una opción. Sin embargo, si se encuentra con indiferencia, se siente desconcertado y herido en su orgullo, aunque enseguida se consuela pensando: *"No sabe lo que se pierde..."*

Si percibe la más mínima posibilidad de éxito, no escatima esfuerzos en conquistar a su objetivo, desplegando su encanto, su energía y su pasión. Su vida amorosa es una montaña rusa de excesos y éxitos, pues cuando se lo propone, resulta extremadamente atractivo. No solo por su energía arrolladora, sino también por su sinceridad y candidez.

En el amor, es entusiasta e idealista, capaz de sacrificarse sin pedir nada a cambio. Sin embargo, su carácter absolutista no le permite quedar en segundo plano en ningún aspecto de la relación. Exige ser el centro de atención de su pareja en todo momento y no tolera distracciones. Si, mientras él habla, su compañera desvía la mirada o no le presta suficiente atención, reacciona con furia, minando la estabilidad de la relación.

Si encuentra una mujer que lo valore, se lanza rápidamente al matrimonio, mostrando una faceta inesperada: la necesidad de un hogar estable y de un amor sincero. Sin embargo, la convivencia con él no es fácil, ya que exige una entrega absoluta por parte de su pareja. Incluso la llegada de los hijos, a quienes ama profundamente, puede ser un problema si siente que ocupan el lugar que le corresponde a él en la familia. Si se siente desplazado, se vuelve irritable y hasta agresivo. Sin embargo, con la estrategia adecuada, se le puede calmar: basta con hacerle creer que sigue siendo el pilar central del hogar y que la atención a los hijos se debe a que son "su sangre".

Los celos siguen siendo su punto débil. Exige fidelidad absoluta de su pareja, aunque no siempre aplica el mismo principio a sí mismo. Con el tiempo, su intensidad se suaviza y la relación puede consolidarse sobre una base de compañerismo.

Como amante, es ardiente y apasionado, aunque su fogosidad a veces es más *cuantitativa* que *cualitativa*. Sin embargo, cuando está enamorado, entrega todo su ser, electrizando el ambiente con su energía. Si la relación deja de funcionar, corta de raíz, sin arrepentimientos. Su vida está llena de aventuras amorosas, que para él representan la reafirmación de su virilidad. En el amor, como en todo, el Aries busca la emoción del desafío y la intensidad de los comienzos, aunque eso implique ciertas torpezas y una sinceridad a veces brutal.

Relaciones con otros signos: compatibilidad amorosa

Aries - Aries

Dos fuerzas volcánicas juntas pueden encender una pasión desbordante, pero también un caos difícil de controlar. La relación es una montaña rusa de celos, discusiones y reconciliaciones explosivas. Se aman y se odian con la misma intensidad, incapaces de vivir sin el otro, pero tampoco de convivir en paz. Si logran moderar su necesidad de dominio, pueden convertirse en una pareja imparable, siempre en busca de nuevas experiencias.

Aries - Tauro

Una relación con pocos puntos en común, basada sobre todo en la atracción física. El Aries es fuego y el Tauro es tierra: uno busca acción, el otro estabilidad. La relación puede funcionar si hay un fuerte vínculo pasional, pero a largo plazo, el Aries se frustra con la rutina del Tauro, y este, a su vez, se cansa de la impulsividad ariana. Para que la pareja prospere, Aries debe aprender a valorar la estabilidad, y Tauro a aceptar cierta dosis de aventura.

Aries - Géminis

El fuego de Aries no necesita el aire de Géminis para avivarse, especialmente cuando este aire resulta demasiado frío. Aries quiere imponerse con pasión, mientras que Géminis juega con la inteligencia y el ingenio. La relación puede funcionar bien como amistad, pero en el amor, ambos tienden a competir por el protagonismo. Si quieren estar juntos, Aries debe evitar actitudes autoritarias, y Géminis tendrá que usar su astucia para manejar los impulsos arianos sin provocar enfrentamientos constantes.

Aries - Cáncer

Si el Aries es hombre, la relación tiene algunas posibilidades de éxito, e incluso puede ser excelente. La mujer Cáncer, con su innata sensibilidad materna, suele perdonar las actitudes impulsivas de Aries y le proporciona ese sentido de hogar que, aunque él no lo sepa, realmente necesita. En el caso contrario, los problemas surgen pronto, ya que el hombre Cáncer difícilmente tolera el espíritu independiente de la mujer Aries ni su necesidad de destacar. En cualquier caso, siempre habrá cierta fricción: Aries se impacienta con la necesidad de Cáncer de aferrarse a la estabilidad y a lo ya conocido. Si logran superar los primeros años, en la madurez pueden encontrar un equilibrio sereno. En el ámbito sexual, pueden entenderse bien, siempre que Aries no caiga en la superficialidad.

Aries - Leo

Esta es una de las combinaciones más vibrantes del zodiaco. Ambos signos comparten vitalidad, ambición y una fuerte personalidad. Aunque cada uno quiere ser el protagonista, suelen complementarse de manera armoniosa, especialmente en el ámbito social, donde pueden convertirse en una pareja muy admirada. Sin embargo, su falta de autocrítica puede hacerlos caer en actitudes exageradas si no cuentan con un intelecto por encima de la media. A pesar de esto, su entendimiento en la intimidad es excelente y su energía conjunta crea una relación marcada por el optimismo y la pasión por la vida.

Aries - Virgo

Esta combinación suele presentar desafíos. Virgo es meticuloso y crítico, lo que choca con la impulsividad de Aries, que actúa por instinto. Las discusiones son frecuentes, ya que Virgo intenta corregir los errores de Aries, mientras que este se impacienta con las exigencias de perfección del otro. No obstante, Aries podría aprender a valorar la organización y sensatez de Virgo, y este a su vez podría admirar la valentía de Aries. En el terreno íntimo, la falta de sincronización puede generar frustraciones, ya que Virgo necesita una atmósfera especial y Aries prefiere la espontaneidad. Si hay amor genuino y voluntad de ceder, la relación puede sostenerse, aunque con esfuerzo.

Aries - Libra

Son opuestos en el zodiaco, pero esta atracción de polos contrarios suele ser fuerte y enriquecedora. Aries se siente fascinado por el equilibrio y el refinamiento de Libra, mientras que este logra suavizar la impulsividad de Aries con su diplomacia natural. Si el hombre es Aries y la mujer es Libra, ella puede ayudarle a controlar su temperamento sin que él apenas se dé cuenta. En el caso contrario, Aries deberá aprender a no imponerse demasiado. Con el tiempo, la relación tiende a armonizarse. En el aspecto íntimo, la química es fuerte, siempre que compartan intereses culturales.

Aries - Escorpio

Días de tormenta y noches inolvidables. La atracción física es intensa, pero la convivencia puede ser un campo de batalla. Aries no tolera los celos y la posesividad de Escorpio, mientras que este no admite la necesidad de libertad de Aries. Ambos tienen un carácter fuerte y ninguna intención de ceder. Escorpio, con su astucia, sabe manipular a Aries, lo que puede generar enfrentamientos continuos. Si la relación se mantiene, suele ser una montaña rusa emocional con tendencia a la autodestrucción. Para que funcione, ambos deben aprender a controlar su lado más agresivo.

Aries - Sagitario

Una de las combinaciones más felices del zodiaco. Aries y Sagitario comparten entusiasmo, optimismo y amor por la aventura. Sagitario valora la iniciativa de Aries, mientras que este aprecia la sabiduría y espontaneidad de Sagitario. Juntos pueden recorrer un largo camino sin aburrirse nunca. Además, Sagitario suaviza el carácter impulsivo de Aries sin imponer restricciones. Si su nivel cultural y espiritual es alto, pueden formar una pareja inspiradora para los demás. En el ámbito íntimo, la relación es intensa y duradera.

Aries - Capricornio

Relación complicada pero no imposible. Aries admira la disciplina y el sentido práctico de Capricornio, pero le desespera su rigidez. Capricornio, a su vez, se incomoda con la impulsividad de Aries, aunque en el fondo envidia su energía. Para que funcione, deben encontrar un punto medio entre la espontaneidad y la estabilidad. En el aspecto íntimo, Aries despierta la pasión oculta de Capricornio, lo que puede generar encuentros intensos y satisfactorios.

Aries - Acuario

Al principio, parece una pareja prometedora, pero las diferencias pronto salen a la luz. Acuario tiene un estilo de vida muy personal, con ideas que no está dispuesto a modificar, mientras que Aries necesita acción inmediata y suele ser más tradicional de lo que parece. Esta falta de sincronización genera roces y distanciamiento progresivo. Sin embargo, si la relación se basa en la admiración mutua y la colaboración profesional, puede funcionar a largo plazo.

Aries - Piscis

Aunque son signos opuestos, esta relación suele funcionar sorprendentemente bien. La fuerza de Aries le da estabilidad a Piscis, mientras que este aporta ternura y comprensión. Aries se siente único con Piscis, pero en realidad es Piscis quien, con su sutil inteligencia emocional, domina la relación. Si la mujer es Aries, tenderá a asumir un rol protector, que Piscis acepta con gratitud. Aunque la relación puede tener altibajos, muchas veces es duradera debido a un lazo especial entre ambos.

Conquistas y abandonos

Cómo conquistar a un Aries

Hazle sentir que es el centro del universo. Escucha con admiración cuando habla y nunca lo contradigas abiertamente. Puedes usar la estrategia opuesta y mostrarte misterioso e inalcanzable para despertar su instinto de conquista. Una vez en la relación, déjalo liderar y apóyalo en sus iniciativas. Aries sueña con una pareja cariñosa y comprensiva, pero con la inteligencia suficiente para guiarlo sutilmente sin que se dé cuenta.

Cómo hacer que un Aries la deje

Contradícelo en todo, especialmente en público. Minimiza sus logros y alaba a otras personas delante de él. Si planean algo juntos, pon excusas constantes o actúa de manera aburrida. Aries necesita emoción y admiración; si siente que la relación se ha convertido en una carga, huirá sin mirar atrás.

Cómo conquistar a una Aries

Hazle sentir especial y única. Aries necesita un compañero fuerte, pero que no le quite protagonismo. La sorprenderás si logras mantener su interés con detalles espontáneos y aventuras inesperadas. No seas tacaño y hazla sentir que está con alguien que puede seguir su ritmo de vida dinámico.

Cómo hacer que una Aries le deje

Compararla con otras mujeres y minimizar sus logros es el camino más rápido para que se aleje. También la irrita la falta de ambición y el exceso de rutina. Si la haces sentir encasillada o tratas de controlarla, desaparecerá sin mirar atrás

La salud de Aries

Aries y su influencia en la salud

Como primer signo del zodiaco, Aries rige la cabeza y todo lo que contiene: el cráneo, el cerebro, la cara, los ojos, los dientes, la nariz, las orejas y el nervio óptico. Las dolencias más comunes entre los Aries suelen estar relacionadas con estos órganos, por lo que no es raro que sufran migrañas, neuralgias, sinusitis, conjuntivitis, hipertensión, infecciones o insomnio, además de fiebres intensas pero de corta duración.

De temperamento bilioso y con una energía desbordante, los Aries deben encontrar formas de canalizar su hiperactividad para evitar trastornos psicosomáticos. Su vitalidad extrema los lleva a ignorar el cansancio o la enfermedad, tomando decisiones sobre su recuperación sin consultar a especialistas, lo que en algunos casos puede ser perjudicial. Son propensos al agotamiento nervioso, que suelen superar con pura fuerza de voluntad, aunque rara vez comparten con otros la magnitud de sus malestares.

Si no controlan su estilo de vida, pueden desarrollar arterioesclerosis a edades tempranas o padecer anemia. Los dolores de cabeza son frecuentes y pueden deberse a causas médicas como la sinusitis o la artrosis, pero también a tensiones emocionales acumuladas. Estos dolores suelen aparecer tras episodios de estrés, ira reprimida o iniciativas frustradas.

Por su impulsividad y tendencia a la velocidad, los Aries son propensos a sufrir golpes en la cabeza y accidentes relacionados con fuego o herramientas cortantes. Quienes tienen planetas en Libra, Cáncer o Capricornio, o cuando Marte, Saturno o Urano transitan por estos signos, deben prestar especial atención a su salud. En Capricornio, pueden surgir problemas óseos o dentales; en Cáncer, agotamiento nervioso o afecciones oculares; en Libra, artritis reumatoide y migrañas intensas.

Cuando Marte transita por Aries cada dos años, deben extremar precauciones, evitando excesos físicos, el manejo de maquinaria rápida o situaciones de alto riesgo. Aunque para Aries es difícil seguir reglas de vida estrictas, la presencia de planetas en signos de Tierra puede ayudarles a estructurar hábitos más saludables.

En términos de alimentación, Aries no suele preocuparse mucho por la comida y rara vez sufre de sobrepeso. Sin embargo, tiende a consumir demasiada carne, lo que puede afectar su circulación arterial. Se recomienda una dieta equilibrada con carnes blancas, pescado (evitando crustáceos), vegetales frescos y frutas, reduciendo el consumo de grasas, azúcares y alimentos enlatados. Las infusiones de manzanilla o tila son beneficiosas para su sistema nervioso y pueden ayudar a conciliar el sueño. Además, deben aprender a comer con calma e incluir en su dieta suplementos de hierro y sales de potasio cuando sea necesario.

Personajes famosos de Aries

Entre las mujeres Aries destacan figuras con personalidades intensas y decididas, como **Sara Simeoni** (19 de abril de 1953), quien representa el espíritu deportivo y competitivo de este signo, y **Santa Teresa de Ávila** (28 de marzo de 1515), cuyo fervor religioso la llevó a fundar 32 conventos. Sin embargo, su lucha interna entre su pasión y su fe le causó crisis de salud, fiebre y agotamiento.

En el ámbito masculino, Aries ha dado tanto líderes temibles como figuras del entretenimiento. **Adolf Hitler** (20 de abril de 1889) representa el lado más oscuro del signo, caracterizado por la violencia y la ambición descontrolada. En contraste, actores como **Ugo Tognazzi** (23 de marzo de 1922) y **Marlon Brando** (3 de abril de 1924) encarnan la faceta impulsiva y conquistadora de Aries. Ambos vivieron vidas intensas y pasionales, aunque con el tiempo lograron equilibrar su energía y encontrar estabilidad.

Otros Aries ilustres incluyen:

- **Charlie Chaplin** (16 de abril de 1889)
- **Nino Manfredi** (22 de marzo de 1921)
- **Omar Sharif** (10 de abril de 1932)
- **Gian Maria Volonté** (9 de abril de 1933)
- **Claudia Cardinale** (15 de abril de 1938)
- **Mina** (25 de marzo de 1940)
- **Diana Ross** (26 de marzo de 1944)
- **Catherine Spaak** (3 de abril de 1945)

Segunda parte

LA FICHA
ASTROLÓGICA PERSONAL

por *Chiara Bertrand*

Cómo construir tu ficha astrológica personal

Después de conocer en profundidad las características generales de Aries, es posible construir una ficha astrológica personalizada. A continuación, encontrarás todas las indicaciones necesarias para calcular tu horóscopo natal, así como información esencial sobre astrología y la influencia de los astros en tu vida.

La siguiente sección te permitirá completar tu **ficha astrológica personal** y elaborar el gráfico de tu **tema natal**, fundamental para interpretar tu carta astral con mayor precisión.

Ficha astrológica personal de ....
a rellenar a medida que se obtienen los datos según las instrucciones de las páginas siguientes.

Fecha de nacimiento .... Hora de nacimiento ....
Lugar de nacimiento .... Hora oficial estival: sí .... no .....
Hora de Greenwich .... Tiempo sideral del nacimiento ....

Ascendente : ....° .....' en............. Casa VII : ....° en............
Casa 2 : ....° en............. Casa 8 : ....° en............
Casa 3 : ....° en............. Casa 9 : ....° en............
Casa IV : ....° en............. Medio Cielo : ....° en............
Casa 5 : ....° en............. Casa 11 : ....° en............
Casa 6 : ....° en............. Casa 12 : ....° en............

Sol : ......° .....' .....'' en................. Casa..........................
Luna : ......° .....' .....'' en................. Casa..........................
Mercurio : ......° .....' .....'' en................. Casa..........................
Venus : ......° .....' .....'' en................. Casa..........................
Marte : ......° .....' .....'' en................. Casa..........................
Júpiter : ......° .....' .....'' en................. Casa..........................
Saturno : ......° .....' .....'' en................. Casa..........................
Urano : ......° .....' .....'' en................. Casa..........................
Neptuno : ......° .....' .....'' en................. Casa..........................
Plutón : ......° .....' .....'' en................. Casa..........................

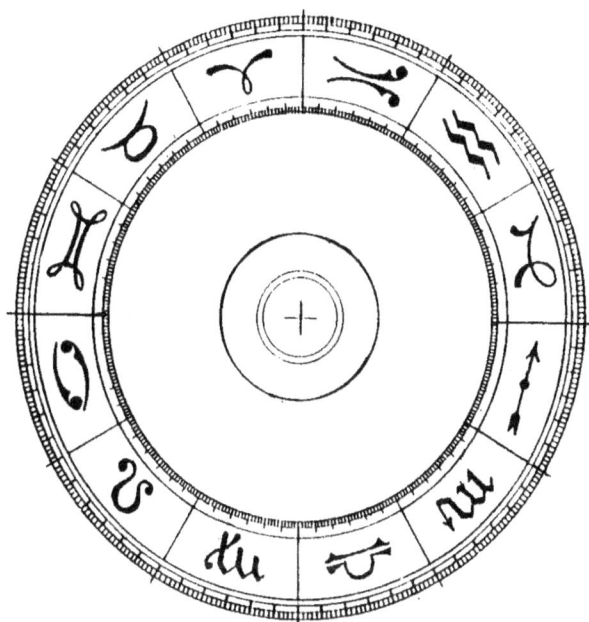

La astrología y el zodiaco: una mirada actualizada

La astrología, que nació en tiempos remotos, se basaba inicialmente en la observación de la bóveda celeste, el movimiento de los astros y los fenómenos naturales relacionados con estos movimientos. La percepción de la armonía existente entre el cielo y la Tierra llevó a la creencia de que los astros influían en la vida humana, dando origen al arte de interpretar los auspicios a partir de las estrellas y los planetas.

Los antiguos estudiosos diseñaron un sistema estructurado para observar el movimiento de los astros en relación con la Tierra. En el centro de este sistema se sitúa el zodiaco, una banda celeste que corre paralela al ecuador y sigue una circunferencia de 360°. Esta banda se divide en 12 sectores de 30° cada uno, a los cuales se les asignó el nombre de una de las 12 constelaciones identificadas por nuestros antepasados. Es importante destacar que la correspondencia entre los signos zodiacales y las constelaciones es simbólica, ya que estas figuras celestes no coinciden exactamente con los 30° asignados a cada signo.

El punto de inicio del zodiaco, conocido como punto vernal, se sitúa en el 21 de marzo, coincidiendo con el equinoccio de primavera, y marca el inicio del año zodiacal con Aries, el primero de los doce signos. La asignación de un signo zodiacal a una persona se basa en la trayectoria aparente del Sol a lo largo de esta banda celeste. Como el Sol avanza aproximadamente 1° por día, recorre los 30° de cada signo en un mes. Este movimiento solar marca la sucesión de las estaciones, fundamentales para comprender el orden de los signos y sus respectivos significados astrológicos.

Si bien para determinar a qué signo pertenece una persona basta con conocer su fecha de nacimiento, las fechas exactas de inicio y finalización de los signos pueden variar ligeramente cada año. Esto se debe a que los 360° del zodiaco deben ajustarse a los 365 días del calendario gregoriano. Por ello, en este volumen se incluye una tabla con las fechas precisas de entrada del Sol en cada signo zodiacal.

La simbología de los signos zodiacales constituye la base de la astrología, proporcionando un mapa para la interpretación del cosmos y de la psique humana, que forman parte de un mecanismo armónico universal. Cada signo del zodiaco define un marco expresivo para los planetas que transitan por él. Si bien el signo solar es clave para describir las características fundamentales de la personalidad, un análisis más completo requiere localizar la posición de los otros nueve planetas que, además del Sol, se desplazan por la banda zodiacal: Luna, Mercurio, Venus, Marte, Júpiter, Saturno, Urano, Neptuno y Plutón.

Las efemérides astronómicas permiten conocer la posición exacta (expresada en grados) de cada planeta, incluyendo el Sol, para cada día del año. Cada planeta tiene una velocidad de desplazamiento diferente a lo largo del zodiaco según su distancia al Sol: mientras que Mercurio completa una órbita en aproximadamente un año, Júpiter tarda 12 años y Plutón cerca de 250 años. Para obtener un análisis detallado del mapa natal, también es necesario determinar la posición de las 12 Casas astrológicas, aspecto que se desarrollará en el siguiente capítulo.

El ascendente y las 12 Casas

Para la construcción del tema natal, es imprescindible realizar la domificación, es decir, establecer la ubicación de las 12 Casas astrológicas, las cuales subdividen el esquema horoscópico en sectores que representan distintos ámbitos de la experiencia humana. El ascendente marca el inicio de la primera de estas Casas (Casa I) y tiene un papel fundamental en la configuración de un horóscopo. El signo donde se ubica el ascendente es aquel que, en el momento del nacimiento, emergía en el horizonte. Este varía según la hora y el lugar de nacimiento, por lo que sin estos datos no es posible realizar un horóscopo preciso. La correcta ubicación de los planetas en sus respectivas Casas es clave para comprender cómo se manifiestan en la vida real las energías representadas por los signos zodiacales.

Para calcular la domificación, es necesario determinar el tiempo sideral de nacimiento (cuyo cálculo se explica en el próximo capítulo) y luego consultar las tablas de Casas para localizar su posición exacta en el instante del nacimiento. Sin embargo, si solo se desea conocer el signo del ascendente, se puede emplear un método más sencillo, accesible incluso para quienes no tienen conocimientos avanzados de astrología.

El ascendente representa el punto de partida del desarrollo individual y describe aspectos fundamentales de la personalidad: comportamiento, reacciones instintivas y tendencias más naturales y evidentes. También influye en la apariencia física y, en muchos casos, las personas se identifican más con las características de su ascendente que con las de su signo solar. Esto ocurre porque el ascendente es la imagen consciente que proyectamos al mundo.

Además de influir en la constitución física, el ascendente proporciona información relevante sobre la salud, señalando los órganos y sistemas más susceptibles a afecciones, así como los estímulos a los que el individuo reacciona con mayor rapidez. La presencia de planetas en conjunción con el ascendente intensifica ciertos rasgos de la personalidad: por ejemplo, Venus resalta el encanto y la amabilidad, mientras que Marte potencia la competitividad y la agresividad.

Cuando la Casa I está ocupada por varios planetas, se refuerzan la autonomía y el deseo de autoafirmación, aumentando la tendencia a imponer la propia personalidad sobre los demás. La combinación del signo solar con el ascendente es de gran importancia y, en la tercera parte de este volumen, se detallan todas las combinaciones posibles para cada signo.

Cálculo del ascendente

Para calcular el ascendente es imprescindible conocer la fecha, la hora exacta y el lugar de nacimiento. En caso de desconocer la hora, se recomienda consultar la partida de nacimiento en el registro civil. Se acepta una aproximación de 15 a 20 minutos.

El procedimiento de cálculo se basa en los siguientes pasos:

1. **Ajuste de la hora de nacimiento**: Se debe verificar si había un cambio horario respecto a la hora de Greenwich. Por ejemplo, si el nacimiento ocurrió en Burgos el 15 de junio de 1970 a las 17:30 h (hora oficial), y en ese momento había una diferencia de una hora con respecto a Greenwich, se debe restar una hora: **17:30 - 1 h = 16:30 h**. En caso de que hubiera dos horas de diferencia, se restarían dos horas.

2. **Cálculo del tiempo sideral**: Se consulta en la tabla de efemérides la hora sideral correspondiente a la fecha de nacimiento. Para este ejemplo, la hora sideral es 17:31 h. Se suma a la hora ajustada: **16:30 + 17:31 = 33:61 h**.

Dado que los minutos no pueden superar los 60, se transforma el exceso en una hora adicional: **33:61 h = 34:01 h**.

3. **Corrección por longitud geográfica**: Se consulta la tabla de longitudes para la ciudad de nacimiento. Para Burgos, se resta **0:14 h**: **34:01 - 0:14 = 33:47 h**. Dado que un día tiene 24 horas, se resta 24: **33:47 - 24 = 9:47 h**, obteniendo así el tiempo sideral de nacimiento.

4. **Determinación del ascendente**: Finalmente, con el tiempo sideral obtenido, se consulta la tabla de signos ascendentes. En el ejemplo, el ascendente corresponde a **Escorpio**.

Este método permite calcular con precisión el ascendente y obtener un perfil astrológico más detallado.

.... –	HORA DE NACIMIENTO	–
1.00 =	1 HORA DE HUSO	= (en caso necesario hay
		que restar 2 horas)
.... +	HORA DE GREENWICH	+
.... =	HORA SIDERAL (tabla de la pág. 57)	=
.... +	RESULTADO	+
.... =	LONGITUD EN TIEMPO	
	(tabla de la pág. 58)	=
....	TIEMPO SIDERAL DE NACIMIENTO	

TIEMPO SIDERAL DE NACIMIENTO   = ...

ASCENDENTE (tabla en esta página)   = ...

N.B. Al hacer los cálculos, hay que recordar siempre que se debe verificar que los minutos no superen los 60 y las horas no superen las 24 y realizar las oportunas correcciones como muestra el ejemplo. También se pueden efectuar las correcciones al final del cálculo todas juntas.

BUSQUE AQUÍ SU ASCENDENTE
de   0.35' a   3.17' .... ascendente en Leo
de   3.18' a   6.00' .... ascendente en Virgo
de   6.01' a   8.43' .... ascendente en Libra
de   8.44' a 11.25' .... ascendente en Escorpio
de 11.26' a 13.53' .... ascendente en Sagitario
de 13.54' a 15,43' .... ascendente en Capricornio
de 15.44' a 17.00' .... ascendente en Acuario
de 17.01' a 18.00' .... ascendente en Piscis
de 18.01' a 18.59' .... ascendente en Aries
de 19.00' a 20.17' .... ascendente en Tauro
de 20.18' a 22.08' .... ascendente en Géminis
de 22.09' a   0.34' .... ascendente en Cáncer

TABLA DE LA HORA OFICIAL EN ESPAÑA

Desde el 1.° de enero de 1901, en España rige la hora del Meridiano de Greenwich (0° 00'). El 15 de abril de 1918, se introduce por primera vez la llamada *hora de verano*. Hasta esa fecha no se produce ningún cambio en la hora legal.

Año	Fecha	Hora	Modificación	Fecha	Hora	Modificación
1918	15 abril	23.00	adelanto 1 hora	6 octubre	24.00	restablecimiento hora normal
1919	6 abril	23.00	adelanto 1 hora	6 octubre	24.00	restablecimiento hora normal
1920 a 1923, rige la hora legal sin ningún cambio						
1924	16 abril	23.00	adelanto 1 hora	4 octubre	24.00	restablecimiento hora normal
1925	rige la hora legal sin ningún cambio					
1926	17 abril	23.00	adelanto 1 hora	2 octubre	24.00	restablecimiento hora normal
1927	9 abril	23.00	adelanto 1 hora	1 octubre	24.00	restablecimiento hora normal
1928	14 abril	23.00	adelanto 1 hora	6 octubre	24.00	restablecimiento hora normal
1929	20 abril	23.00	adelanto 1 hora	6 octubre	24.00	restablecimiento hora normal
1930 a 1936, rige la hora legal sin ningún cambio						
1937	16 junio	23.00	adelanto 1 hora	6 octubre	24.00	restablec. hora normal (Z. R.)
1937	22 mayo	23.00	adelanto 1 hora	2 octubre	24.00	restablec. hora normal (Z. N.)
1938	2 abril	23.00				
	30 abril	23.00	adelanto otra hora	2 octubre	24.00	se suprime 1 hora. Queda otra de adelanto (Z. R.)
1938	26 marzo	23.00	adelanto 1 hora	1 octubre	24.00	restablec. hora normal (Z. N.)
1939	hasta el 1 de abril en que se restablece el horario normal, rige 1 hora de adelanto (Z. R.)					
1939	15 abril	23.00	adelanto 1 hora	7 octubre	24.00	restablec. hora normal (Z. N.)
1940	16 marzo	23.00	se adelanta permanentemente, hasta hoy, 1 hora			
1942	2 mayo	23.00	adelanto 1 hora (total 2)	1 sept.	24.00	se suprime 1 h. Queda 1 h de adelanto
1943	17 abril	23.00	adelanto 1 hora (total 2)	2 octubre	24.00	se suprime 1 h. Queda 1 h de adelanto
1944	15 abril	23.00	adelanto 1 hora (total 2)	1 octubre	24.00	se suprime 1 h. Queda 1 h de adelanto
1945	14 abril	23.00	adelanto 1 hora (total 2)	30 sept.	24.00	se suprime 1 h. Queda otra de adelanto
1946	13 abril	23.00	adelanto 1 hora (total 2)	28 sept.	24.00	se suprime 1 h. Queda otra de adelanto
1949	30 abril	23.00	adelanto 1 hora (total 2)	2 octubre	24.00	se suprime 1 h. Queda 1 h de adelanto (hasta 1974)
1974	13 abril	23.00	adelanto 1 hora (total 2)	6 octubre	1.00	se suprime 1 h. Queda 1 h de adelanto
1975	12 abril	23.00	adelanto 1 hora (total 2)	4 octubre	24.00	se suprime 1 h. Queda 1 h de adelanto
1976	27 marzo	23.00	adelanto 1 hora (total 2)	25 sept.	24.00	se suprime 1 h. Queda 1 h de adelanto

Z. R., zona republicana. Z. N., zona nacional.

1977	2 abril	23.00	adelanto 1 hora (total 2)	24 sept.	24.00	se suprime 1 h. Queda 1 h de adelanto
1978	2 abril	23.00	adelanto 1 hora (total 2)	1 octubre	3.00	se suprime 1 h. Queda 1 h de adelanto
1979	1 abril	2.00	adelanto 1 hora (total 2)	30 sept.	3.00	se suprime 1 h. Queda 1 h de adelanto
1980	6 abril	2.00	adelanto 1 hora (total 2)	28 sept.	3.00	se suprime 1 h. Queda 1 h de adelanto
1981	29 marzo	2.00	adelanto 1 hora (total 2)	27 sept.	3.00	se suprime 1 h. Queda 1 h de adelanto
1982	28 marzo	2.00	adelanto 1 hora (total 2)	26 sept.	3.00	se suprime 1 h. Queda 1 h de adelanto
1983	27 marzo	2.00	adelanto 1 hora (total 2)	25 sept.	3.00	se suprime 1 h. Queda 1 h de adelanto
1984	24 marzo	2.00	adelanto 1 hora (total 2)	30 sept.	3.00	se suprime 1 h. Queda 1 h de adelanto
1985	31 marzo	2.00	adelanto 1 hora (total 2)	29 sept.	3.00	se suprime 1 h. Queda 1 h de adelanto
1986	23 marzo	3.00	adelanto 1 hora (total 2)	28 sept.	3.00	se suprime 1 h. Queda 1 h de adelanto
1987	22 marzo	3.00	adelanto 1 hora (total 2)	27 sept.	3.00	se suprime 1 h. Queda 1 h de adelanto
1988	19 marzo	3.00	adelanto 1 hora (total 2)	24 sept.	3.00	se suprime 1 h. Queda 1 h de adelanto
1989	19 marzo	3.00	adelanto 1 hora (total 2)	23 sept.	3.00	se suprime 1 h. Queda 1 h de adelanto
1990	17 marzo	3.00	adelanto 1 hora (total 2)	23 sept.	3.00	se suprime 1 h. Queda 1 h de adelanto
1991	17 marzo	3.00	adelanto 1 hora (total 2)	27 sept.	3.00	se suprime 1 h. Queda 1 h de adelanto
1992	14 marzo	3.00	adelanto 1 hora (total 2)	27 sept.	3.00	se suprime 1 h. Queda 1 h de adelanto
1993	20 marzo	3.00	adelanto 1 hora (total 2)	26 sept.	3.00	se suprime 1 h. Queda 1 h de adelanto
1994	20 marzo	3.00	adelanto 1 hora (total 2)	25 sept.	3.00	se suprime 1 h. Queda 1 h de adelanto
1995	26 marzo	3.00	adelanto 1 hora (total 2)	24 sept.	3.00	se suprime 1 h. Queda 1 h de adelanto
1996	24 marzo	3.00	adelanto 1 hora (total 2)	22 sept.	3.00	se suprime 1 h. Queda 1 h de adelanto
1997	23 marzo	3.00	adelanto 1 hora (total 2)	28 sept.	3.00	se suprime 1 h. Queda 1 h de adelanto
1998	22 marzo	3.00	adelanto 1 hora (total 2)	27 sept.	3.00	se suprime 1 h. Queda 1 h de adelanto
1999	21 marzo	3.00	adelanto 1 hora (total 2)	26 sept.	3.00	se suprime 1 h. Queda 1 h de adelanto
2000	25 marzo	2.00	adelanto 1 hora (total 2)	24 sept.	3.00	se suprime 1 h. Queda 1 h de adelanto
2001	25 marzo	2.00	adelanto 1 hora (total 2)	23 sept.	3.00	se suprime 1 h. Queda 1 h de adelanto
2002	31 marzo	2.00	adelanto 1 hora (total 2)	27 oct.	3.00	se suprime 1 h. Queda 1 h de adelanto
2003	30 marzo	2.00	adelanto 1 hora (total 2)	26 oct.	3.00	se suprime 1 h. Queda 1 h de adelanto
2004	28 marzo	2.00	adelanto 1 hora (total 2)	31 oct.	3.00	se suprime 1 h. Queda 1 h de adelanto
2005	27 marzo	2.00	adelanto 1 hora (total 2)	30 oct.	3.00	se suprime 1 h. Queda 1 h de adelanto
2006	26 marzo	2.00	adelanto 1 hora (total 2)	29 oct.	3.00	se suprime 1 h. Queda 1 h de adelanto
2007	26 marzo	2.00	adelanto 1 hora (total 2)	28 oct.	3.00	se suprime 1 h. Queda 1 h de adelanto
2008	30 marzo	2.00	adelanto 1 hora (total 2)	25 oct.	3.00	se suprime 1 h. Queda 1 h de adelanto

En las islas Canarias, desde el 1 de marzo de 1922, a las 00.00 horas, rige el horario del Meridiano 15 Oeste.

TABLA PARA LA BÚSQUEDA DE LA HORA SIDERAL

Día	En.	Feb.	Mar.	Abr.	May.	Jun.	Jul.	Ag.	Sept.	Oct.	Nov.	Dic.
1	6.36	8.38	10.33	12.36	14.33	16.36	18.34	20.37	22.39	0.37	2.39	4.38
2	6.40	8.42	10.37	12.40	14.37	16.40	18.38	20.41	22.43	0.41	2.43	4.42
3	6.44	8.46	10.40	12.44	14.41	16.43	18.42	20.45	22.47	0.45	2.47	4.46
4	6.48	8.50	10.44	12.48	14.45	16.47	18.46	20.49	22.51	049	2.51	4.50
5	6.52	8.54	10.48	12.52	14.49	16.51	18.50	20.53	22.55	0.53	2.55	4.54
6	6.56	8.58	10.52	12.55	14.53	16.55	18.54	20.57	22.59	0.57	2.59	4.57
7	7.00	9.02	10.56	12.58	14.57	16.59	18.58	21.00	23.03	1.01	3.03	5.01
8	7.04	9.06	11.00	13.02	15.01	17.03	19.02	21.04	23.07	1.05	3.07	5.05
9	7.08	9.10	11.04	13.06	15.05	17.07	19.06	21.08	23.11	1.09	3.11	5.09
10	7.12	9.14	11.08	13.10	15.09	17.11	19.10	21.12	23.14	1.13	3.15	5.13
11	7.15	9.18	11.12	13.15	15.13	17.15	19.14	21.16	23.18	1.17	3.19	5.17
12	7.19	9.22	11.16	13.18	15.17	17.19	19.18	21.20	23.22	1.21	3.23	5.21
13	7.23	9.26	11.20	13.22	15.21	17.23	19.22	21.24	23.26	1.25	3.27	5.25
14	7.27	9.30	11.24	13.26	15.24	17.27	19.26	21.28	23.30	1.29	3.31	5.29
15	7.31	9.33	11.28	13.30	15.28	17.31	19.30	21.32	23.34	1.32	3.35	5.33
16	7.35	9.37	11.32	13.34	15.32	17.34	19.34	21.36	23.38	1.36	3.39	5.37
17	7.39	9.41	11.36	13.38	15.36	17.38	19.38	21.40	23.42	1.40	3.43	5.41
18	7.43	9.45	11.40	13.42	15.40	17.42	19.42	21.44	23.46	1.44	3.47	5.45
19	7.47	9.49	11.44	13.46	15.44	17.46	19.46	21.48	23.50	1.48	3.50	5.49
20	7.51	9.53	11.48	13.50	15.48	17.50	19.49	21.52	23.54	1.52	3.54	5.53
21	7.55	9.57	11.52	13.54	15.52	17.54	19.53	21.56	23.58	1.56	3.58	5.57
22	7.59	10.01	11.55	13.58	15.56	17.58	19.57	22.00	0.02	2.00	4.02	6.01
23	8.03	10.05	11.58	14.02	16.00	18.02	20.02	22.04	0.06	2.04	4.06	6.05
24	8.07	10.09	12.02	14.06	16.04	18.06	20.06	22.08	0.10	2.06	4.10	6.09
25	8.11	10.13	12.06	14.10	16.08	18.10	20.10	22.12	0.14	2.12	4.14	6.13
26	8.15	10.17	12.10	14.14	16.12	18.14	20.14	22.16	0.18	2.16	4.18	6.17
27	8.19	10.21	12.14	14.18	16.16	18.18	20.18	22.20	0.23	2.20	4.22	6.21
28	8.23	10.25	12.18	14.22	16.20	18.22	20.22	22.24	0.26	2.24	4.26	6.24
29	8.26	10.29	12.22	14.26	16.24	18.26	20.26	22.27	0.30	2.28	4.30	6.28
30	8.30		12.26	14.29	16.28	18.30	20.30	22.31	0.34	2.32	4.34	6.32
31	8.34		12.30		16.32		20.33	22.35		2.36		6.36

TABLA DE COORDENADAS DE LAS PRINCIPALES CIUDADES DE ESPAÑA

Ciudad	Latitud	Longitud	Ciudad	Latitud	Longitud
ALBACETE	39° 00'	− 7' 25"	LINARES	38° 06'	− 14' 32"
ALCUDIA	39° 52'	+ 11' 36"	LOGROÑO	42° 28'	− 9' 47"
ALGECIRAS	36° 09'	− 21' 52"	LORCA	37° 41'	− 6' 48"
ALICANTE	38° 20'	− 1' 56"	LUGO	43° 01'	− 30' 14"
ALMERÍA	36° 50'	− 9' 52"	MADRID	40° 24'	− 14' 44"
ANDORRA			MAHÓN	39° 50'	+ 17' 12"
LA VELLA	42° 30'	+ 6' 00"	MÁLAGA	36° 43'	− 17' 41"
ÁVILA	40° 39'	− 18' 47"	MANACOR	39° 34'	+ 12' 53"
BADAJOZ	38° 53'	− 27' 53"	MANRESA	41° 44'	+ 7' 20"
BARCELONA	41° 23'	+ 8' 44"	MARBELLA	36° 30'	− 19' 36"
BILBAO	43° 15'	− 11' 42"	MIERES	43° 15'	− 23' 04"
BURGOS	42° 20'	− 14' 49"	MURCIA	37° 59'	− 4' 31"
CÁCERES	39° 28'	− 25' 29"	ORENSE	42° 20'	− 31' 27"
CADAQUÉS	42° 17'	+ 13' 08"	OVIEDO	43° 22'	− 23' 22"
CÁDIZ	36° 32'	− 25' 11"	PALENCIA	42° 00'	− 18' 08"
CALATAYUD	41° 20'	− 6' 40"	P. MALLORCA	39° 34'	+ 10' 36"
CARTAGENA	37° 38'	− 3' 55"	PAMPLONA	42° 49'	− 6' 36"
CASTELLÓN	39° 50'	− 0' 09"	PLASENCIA	40° 03'	− 24' 32"
CIUDAD REAL	38° 59'	− 15' 43"	PONFERRADA	42° 33'	− 26' 20"
C. RODRIGO	40° 36'	− 26' 08"	PONTEVEDRA	42° 26'	− 34' 35"
CÓRDOBA	37° 53'	− 19' 07"	SALAMANCA	40° 57'	− 22' 40"
CORUÑA	43° 23'	− 33' 34"	SAN SEBATIÁN	43° 19'	− 7' 56"
CUENCA	40° 04'	− 8' 32"	STA. CRUZ DE		
ÉIBAR	43° 11'	− 11' 52"	TENERIFE	28° 28'	− 1h 5' 57"
ELCHE	38° 15'	− 2' 48"	SANTIAGO DE		
FRAGA	41° 32'	− 1' 24"	COMPOSTELA	42° 52'	− 34' 12"
FUERTEVENTURA	28° 30'	− 56' 00"	SANTANDER	43° 28'	− 15' 13"
GERONA	41° 59'	+ 11' 18"	SEGOVIA	40° 57'	− 16' 30"
GIJÓN	43° 32'	− 22' 48"	SEVILLA	37° 23'	− 23' 58"
GOMERA	28° 10'	− 1h 08 ' 20"	SORIA	41° 46'	− 9' 52"
GRANADA	37° 11'	− 14' 24"	TARRAGONA	41° 07'	+ 5' 02"
GUADALAJARA	40° 38'	− 12' 39"	TERUEL	40° 20'	− 4' 26"
HIERRO	27° 57'	− 1h 11' 44"	TOLEDO	39° 51'	− 16' 05"
HUELVA	37° 16'	− 27' 47"	TORTOSA	40° 49'	+ 2' 04"
HUESCA	42° 08'	− 1' 38"	TUDELA	42° 04'	− 6' 24"
IBIZA	38° 54'	+ 5' 44"	VALENCIA	39° 28'	− 1' 30"
JAÉN	37° 46'	− 15' 09"	VALLADOLID	41° 39'	− 18' 53"
LA PALMA	25° 40'	− 1h 11' 20"	VIELLA	42° 42'	+ 3' 16"
LANZAROTE	29° 00'	− 54' 40"	VIGO	42° 18'	− 34' 44"
LAS PALMAS G.C.	28° 06'	− 1 h 01' 40"	VITORIA	42° 51'	− 10' 42"
LEÓN	42° 36'	− 22' 16"	ZAMORA	41° 30'	− 23' 01"
LÉRIDA	41° 37'	+ 2' 30"	ZARAGOZA	41° 34'	− 3' 31"

La Carta astral de nacimiento

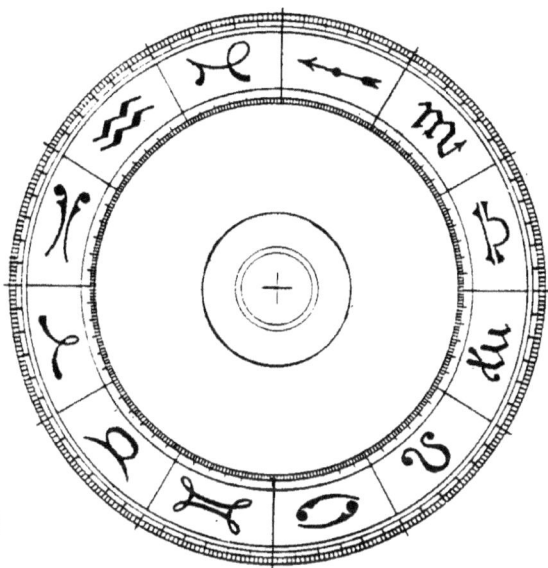

Fig. 1

El Tema Natal o Horóscopo de Nacimiento

El tema natal, también conocido como horóscopo de nacimiento, es una representación gráfica del cielo en el preciso momento en que una persona nace. Este gráfico muestra la disposición de los planetas y otros puntos astrológicos clave en relación con los signos del zodiaco y las casas astrológicas.

El esquema base del tema natal es un círculo dividido en 12 secciones iguales de 30°, correspondientes a los signos del zodiaco (véase fig. 1).

Los signos están representados por símbolos específicos llamados glifos, cuya identificación es fundamental para la interpretación astrológica. Estos glifos aparecen en todas las tablas y cuadros utilizados en astrología, por lo que es importante familiarizarse con ellos:

ARIES ♈	LIBRA ♎
TAURO ♉	ESCORPIO ♏
GÉMINIS ♊	SAGITARIO ♐
CÁNCER ♋	CAPRICORNIO ♑
LEO ♌	ACUARIO ♒
VIRGO ♍	PISCIS ♓

Para elaborar un tema natal, siempre se necesitan tres datos fundamentales: **fecha, hora y lugar de nacimiento**. A partir de estos datos, se calcula primero el **ascendente**, como se explicó en el capítulo anterior. Luego, se realiza la **domificación completa**, que consiste en dividir el círculo zodiacal en 12 sectores denominados **casas astrológicas**. El ascendente marca el inicio de la **Casa I**, definiendo así la estructura del gráfico.

Uno de los aspectos más importantes del tema natal es la identificación de los cuatro puntos cardinales:

- **Ascendente (AC)**: Representa el **oriente** en el momento del nacimiento y marca el inicio de la **Casa I**. Está relacionado con la personalidad, la identidad y la forma en que el individuo se presenta al mundo.
- **Descendente (DC)**: Opuesto al ascendente, representa el **ocaso** y señala la **Casa VII**, el área de las relaciones y asociaciones. El eje **Ascendente-Descendente** divide el gráfico en dos mitades, estableciendo la línea del horizonte.
- **Medio Cielo (MC)**: Es el punto más alto del gráfico y representa el **sur** en el tema natal. Corresponde a la **Casa X**, relacionada con la carrera, la vocación y la proyección pública. Es un indicador clave del éxito y la autorrealización.
- **Fondo del Cielo (FC)**: Opuesto al Medio Cielo, corresponde al **norte** del tema natal y marca la **Casa IV**, que representa los orígenes, la familia, el hogar y la vida privada.

El eje **Medio Cielo - Fondo del Cielo** divide el gráfico verticalmente en dos partes: la superior y la inferior.

- **Sector diurno**: La mitad superior del gráfico, por encima del horizonte, representa la vida pública y la proyección exterior del individuo. Si la mayoría de los planetas se encuentran en esta parte, indica una personalidad extrovertida, independiente y orientada hacia la acción en el mundo exterior.
- **Sector nocturno**: La mitad inferior, situada por debajo del horizonte, representa la vida interior, las emociones y el mundo privado. Una concentración de planetas en esta zona sugiere una persona más introspectiva, reservada y con una rica vida interior.

Al igual que la sucesión de los signos en la banda zodiacal sigue un movimiento **antihorario**, en la carta astral el **ascendente siempre se sitúa a la izquierda del gráfico**. Para posicionarlo correctamente, se gira el círculo hasta que el signo ascendente queda en su lugar correspondiente (véase fig. 2).

El estudio del tema natal permite comprender la dinámica única de cada individuo, proporcionando información valiosa sobre su personalidad, talentos, desafíos y propósito de vida.

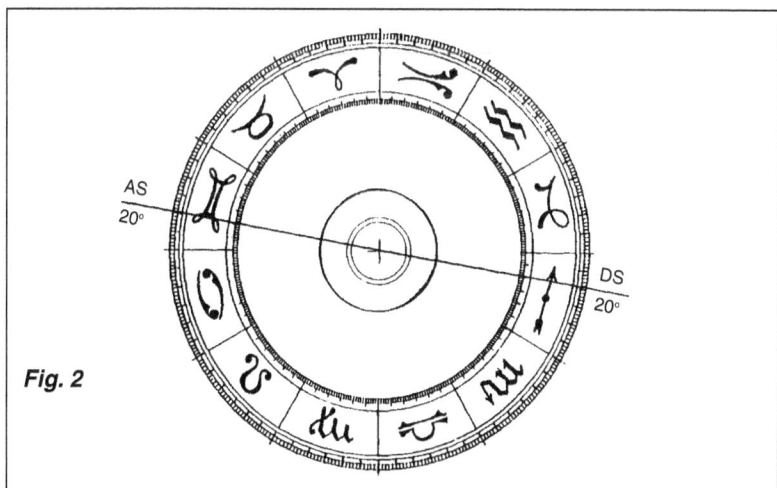

Fig. 2

El eje **Medio Cielo - Fondo del Cielo** divide el gráfico en dos mitades iguales, proporcionando información clave sobre la orientación del individuo en su vida.

- **Mitad izquierda**: Si hay una concentración de planetas en este sector, indica una personalidad **autosuficiente e individualista**, con una marcada tendencia a actuar por cuenta propia y depender menos de los demás.
- **Mitad derecha**: Si la mayoría de los planetas se encuentran en este lado del gráfico, revela una personalidad **sociable, generosa y extrovertida**, con una fuerte necesidad de interacción y colaboración con los demás (véase fig. 3).

Este eje es fundamental para entender cómo una persona equilibra su **autonomía personal** con su **relación con el mundo exterior**.

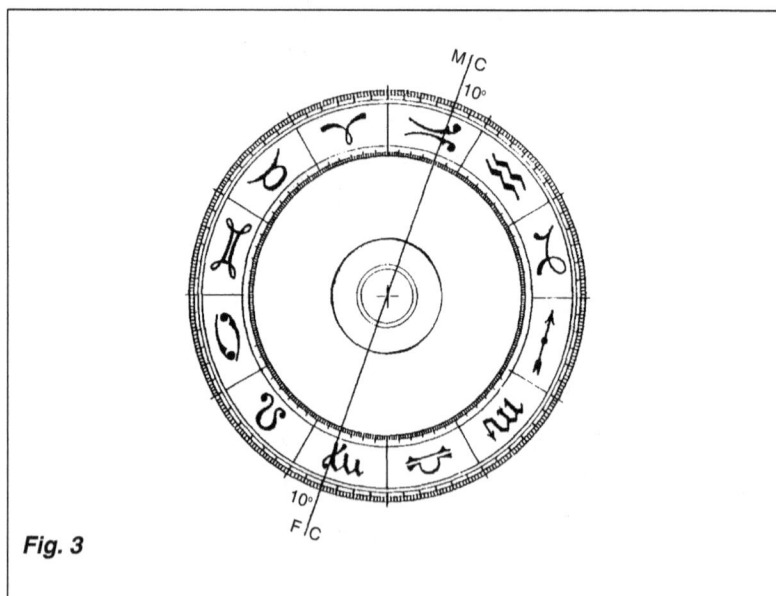

Fig. 3

Cálculo de la Domificación

Para realizar la **domificación**, una vez obtenido el **tiempo sideral del nacimiento**, es necesario contar con una **tabla de Casas**, un manual que proporciona la posición de las Casas para diferentes **latitudes geográficas**. Además, es fundamental conocer la **latitud del lugar de nacimiento**, información que puede encontrarse en diversos manuales de astrología (se recomienda utilizar la correspondiente a la capital de la provincia en la que se ha nacido).

Siguiendo el ejemplo anterior, tomaremos como referencia la latitud de **Burgos (42° 06′)**. El **tiempo sideral de nacimiento**, calculado previamente, era de **9 h 47 min**. Para mayor precisión, ahora es necesario incluir los segundos, que fueron obtenidos a partir de la **longitud convertida en tiempo**. De este modo, el tiempo sideral exacto es **9 h 47 min 49 s**.

En la página 63 se muestra un extracto de las tablas de Casas, seleccionando la **latitud más cercana** disponible en el manual **(42° 20′)**.

Uso de las Tablas de Casas

Para encontrar la información requerida en las **tablas de Casas**, se deben seguir estos pasos:

1. Buscar en la columna **"Sidereal Time"** el tiempo sideral más cercano al calculado (**9 h 47 min 49 s**). En este caso, el valor más próximo es **9 h 49 min 09 s**.

   (*Es normal no encontrar una coincidencia exacta, ya que los valores de las tablas son aproximados. Sin embargo, la diferencia es mínima y no altera significativamente el resultado.*)

2. Identificar las **columnas de las Casas** en la tabla. Estas suelen estar organizadas en el siguiente orden:

o 10ª Casa (Medio Cielo)
o 11ª Casa
o 12ª Casa
o Ascendente (I Casa)
o 2ª Casa
o 3ª Casa

3. Cada una de estas columnas indica el **signo zodiacal y el grado exacto** en el que se encuentra la cúspide de la Casa correspondiente. Es importante prestar atención a los **símbolos zodiacales**, ya que pueden cambiar dentro de la misma columna si la cúspide de la Casa pasa de un signo a otro.

Ejemplo de Cálculo de Casas

Aplicando estos pasos al ejemplo de Burgos, obtenemos la siguiente distribución de Casas:

- 10ª Casa (Medio Cielo) → 25° Leo
- 11ª Casa → 27° Virgo
- 12ª Casa → 23° Libra
- Ascendente (I Casa) → 14° 16′ Escorpio
- 2ª Casa → 14° Sagitario
- 3ª Casa → 18° Capricornio

Este proceso es fundamental para obtener una interpretación precisa del **tema natal**, ya que permite conocer en qué signos y grados exactos se sitúan las cúspides de las Casas astrológicas.

TABLAS DE LAS CASAS — latitud 42° 42′ N

Panel 1 (superior izquierdo)

Tiempo sideral H M S	10 ♈	11 ♉	12 ♊	Ascend. ♋ °	′	2 ♌	3 ♍
0 0 0	0	7	16	20	10	9	1
0 3 40	1	8	17	20	55	10	2
0 7 20	2	9	18	21	39	11	3
0 11 0	3	10	19	22	23	12	4
0 14 41	4	11	20	23	7	12	5
0 18 21	5	12	21	23	51	13	6
0 23 2	6	13	22	24	35	14	7
0 25 42	7	14	23	25	19	15	7
0 29 23	8	15	24	26	2	15	8
0 33 4	9	16	24	26	46	16	9
0 36 45	10	17	25	27	29	17	10
0 40 26	11	18	26	28	13	18	11
0 44 8	12	19	27	28	57	18	12
0 47 50	13	20	28	29	41	19	13
0 51 32	14	21	29	0 ♋	24	20	14
0 55 14	15	22	30	1	7	21	14
0 58 57	16	23	♋	1	51	21	15
1 2 40	17	24	1	2	34	22	16
1 6 23	18	25	2	3	17	23	17
1 10 7	19	26	3	4	1	24	18
1 13 51	20	27	4	4	44	25	19
1 17 35	21	28	5	5	28	25	20
1 21 20	22	29	6	6	12	26	21
1 25 6	23	1	6	6	56	27	22
1 28 52	24	1	7	7	39	28	23
1 32 38	25	2	8	8	23	29	23
1 36 25	26	3	9	9	5	29	24
1 40 12	27	4	10	9	50	♍	25
1 44 0	28	5	11	10	34	1	26
1 47 48	29	6	11	11	2	2	27
1 51 37	30	7	12	12	2	3	28

Panel 2 (superior centro)

Tiempo sideral H M S	10 ♉	11 ♊	12 ♋	Ascend. ♌ °	′	2 ♍	3 ♎
1 51 37	0	7	12	12	2	3	28
1 55 27	1	8	13	12	47	3	29
1 59 17	2	9	14	13	31	4	♎
2 3 8	3	10	15	14	15	5	1
2 6 59	4	11	15	14	59	6	2
2 10 51	5	12	16	15	44	7	3
2 14 44	6	13	17	16	28	7	3
2 18 37	7	14	18	17	13	8	4
2 22 31	8	15	19	17	58	9	5
2 26 25	9	15	20	18	43	10	6
2 30 20	10	16	20	19	29	11	7
2 34 16	11	17	21	20	14	12	8
2 38 13	12	18	22	20	59	12	9
2 42 10	13	19	23	21	44	13	10
2 46 8	14	20	24	22	30	14	11
2 50 7	15	21	25	23	16	15	12
2 54 7	16	22	25	24	2	16	13
2 58 7	17	23	26	24	48	17	14
3 2 8	18	24	27	25	35	18	15
3 6 9	19	25	28	26	21	18	16
3 10 12	20	26	29	27	7	19	17
3 14 15	21	27	♌	27	54	20	18
3 18 19	22	28	1	28	41	21	19
3 22 23	23	29	1	29	28	22	20
3 26 29	24	30	2	0 ♍	15	23	21
3 30 35	25	♋	3	1	3	24	22
3 34 41	26	1	4	1	50	25	23
3 38 49	27	2	5	2	38	25	24
3 42 57	28	3	6	3	25	26	24
3 47 6	29	4	7	4	13	27	25
3 51 15	30	5	7	5	1	28	26

Panel 3 (superior derecho)

Tiempo sideral H M S	10 ♊	11 ♋	12 ♌	Ascend. ♍ °	′	2 ♎	3 ♏
3 51 15	0	5	7	5	1	28	26
3 55 25	1	6	8	5	50	29	27
3 59 36	2	7	9	6	39	♎	28
4 3 48	3	8	10	7	27	1	29
4 8 0	4	9	11	8	16	2	♏
4 12 13	5	10	12	9	4	3	1
4 16 26	6	11	13	9	53	3	2
4 20 40	7	12	14	10	42	4	3
4 24 55	8	13	15	11	31	5	4
4 29 10	9	14	15	12	21	6	5
4 33 26	10	15	16	13	11	7	6
4 37 42	11	16	17	14	0	8	7
4 41 59	12	17	18	14	50	9	8
4 46 16	13	18	19	15	40	10	9
4 50 34	14	19	20	16	30	11	10
4 54 52	15	20	21	17	20	12	11
4 59 10	16	20	22	18	10	13	12
5 3 29	17	21	22	19	0	14	13
5 7 49	18	22	23	19	50	15	14
5 12 9	19	23	24	20	41	15	15
5 16 29	20	24	25	21	32	16	16
5 20 49	21	25	26	22	22	17	17
5 25 9	22	26	27	23	13	18	18
5 29 30	23	27	27	24	4	19	19
5 33 51	24	28	29	24	55	20	20
5 38 12	25	29	♏	25	45	21	21
5 42 34	26	♌	1	26	36	22	22
5 46 55	27	1	2	27	27	23	23
5 51 17	28	2	2	28	18	24	24
5 55 38	29	3	3	29	9	25	25
6 0 0	30	4	4	30	0	26	26

Panel 4 (inferior izquierdo)

Tiempo sideral H M S	10 ♋	11 ♌	12 ♍	Ascend. ♎ °	′	2 ♎	3 ♏
6 0 0	0	4	4	0	0	26	26
6 4 22	1	5	5	0	51	27	27
6 8 43	2	6	6	1	42	28	28
6 13 5	3	7	7	2	33	28	29
6 17 26	4	8	8	3	24	29	♐
6 21 48	5	9	9	4	15	♏	1
6 26 9	6	10	10	5	5	1	2
6 30 30	7	11	11	5	56	2	3
6 34 51	8	12	12	6	47	3	4
6 39 11	9	13	13	7	38	4	5
6 43 31	10	14	14	8	28	5	6
6 47 51	11	15	15	9	19	6	7
6 52 11	12	16	15	10	10	7	8
6 56 31	13	17	16	11	0	8	9
7 0 50	14	18	17	11	50	8	10
7 5 8	15	19	18	12	40	9	10
7 9 26	16	20	19	13	30	10	11
7 13 44	17	21	20	14	20	11	12
7 18 1	18	22	21	15	10	12	13
7 22 18	19	23	22	16	0	14	14
7 26 34	20	24	23	16	49	15	15
7 30 50	21	25	24	17	39	15	16
7 35 5	22	26	25	18	28	16	17
7 39 20	23	27	26	19	18	16	18
7 43 34	24	28	27	20	7	17	19
7 47 47	25	29	27	20	56	18	20
7 52 0	26	♏	28	21	44	19	21
7 56 12	27	1	29	22	33	20	22
8 0 24	28	2	♎	23	21	21	23
8 4 35	29	3	1	24	9	22	24
8 8 45	30	4	2	24	59	23	25

Panel 5 (inferior centro)

Tiempo sideral H M S	10 ♌	11 ♍	12 ♎	Ascend. ♎ °	′	2 ♏	3 ♐
8 8 45	0	4	2	24	59	23	25
8 12 54	1	5	3	25	47	23	26
8 17 3	2	6	4	26	35	24	27
8 21 11	3	6	5	27	22	25	28
8 25 19	4	7	5	28	10	26	29
8 29 26	5	8	6	28	57	27	♑
8 33 31	6	9	7	29	45	28	0
8 37 37	7	10	8	0 ♏	32	29	1
8 41 41	8	11	9	1	19	29	2
8 45 45	9	12	10	2	6	♐	3
8 49 48	10	13	11	2	53	1	4
8 53 51	11	14	12	3	39	2	5
8 57 52	12	15	12	4	25	3	6
9 1 53	13	16	13	5	12	4	7
9 5 53	14	17	14	5	58	5	8
9 9 53	15	18	15	6	44	5	9
9 13 52	16	19	16	7	30	6	10
9 17 50	17	20	17	8	16	7	11
9 21 47	18	21	18	9	1	8	12
9 25 44	19	22	19	9	46	9	13
9 29 40	20	23	19	10	31	10	14
9 33 35	21	24	20	11	17	10	15
9 37 29	22	25	21	12	2	11	16
9 41 23	23	26	22	12	47	12	16
9 45 16	24	27	23	13	32	13	17
9 49 9	25	27	24	14	16	14	18
9 53 1	26	28	24	15	1	15	19
9 56 52	27	29	25	15	45	15	20
10 0 42	28	♎	26	16	29	16	21
10 4 33	29	1	27	17	13	17	22
10 8 23	30	2	27	17	58	18	23

Panel 6 (inferior derecho)

Tiempo sideral H M S	10 ♍	11 ♎	12 ♏	Ascend. ♏ °	′	2 ♐	3 ♑
10 8 23	0	2	27	17	58	18	23
10 12 12	1	3	28	18	42	19	24
10 16 0	2	4	29	19	26	19	25
10 19 48	3	5	♏	20	10	20	26
10 23 35	4	6	1	20	54	21	27
10 27 22	5	7	1	21	37	22	28
10 31 8	6	7	2	22	21	23	29
10 34 54	7	8	3	23	5	24	♒
10 38 40	8	9	4	23	48	24	1
10 42 25	9	10	5	24	32	25	2
10 46 9	10	11	5	25	16	26	3
10 49 53	11	12	6	25	59	27	4
10 53 37	12	13	7	26	43	28	5
10 57 20	13	14	8	27	26	29	6
11 1 3	14	15	9	28	10	♑	7
11 4 46	15	16	9	28	53	0	8
11 8 28	16	16	10	29	36	1	9
11 12 10	17	17	11	0 ♐	19	2	10
11 15 52	18	18	12	1	3	3	11
11 19 34	19	19	12	1	47	4	12
11 23 15	20	20	13	2	31	5	13
11 26 56	21	21	14	3	14	6	14
11 30 37	22	22	15	3	58	7	16
11 34 18	23	23	15	4	41	7	16
11 37 58	24	23	16	5	25	8	17
11 41 39	25	24	17	6	9	9	18
11 45 19	26	25	18	6	53	10	19
11 49 0	27	26	18	7	37	11	20
11 52 40	28	27	19	8	21	12	21
11 56 20	29	28	20	9	5	13	22
12 0 0	30	29	21	9	50	13	23

Representación de las Casas en el Gráfico

Se recomienda anotar previamente todos los datos obtenidos en una hoja antes de plasmarlos en el gráfico. Esto evitará la necesidad de consultar repetidamente las tablas de Casas y agilizará el proceso.

Las tablas proporcionan la posición de **seis Casas**, ya que cada una tiene su correspondiente Casa opuesta, ubicada en el mismo grado del signo contrario. Al representar estas posiciones en el gráfico, este principio se hace evidente y facilita la tarea.

Antes de trazar las líneas divisorias de las Casas, es fundamental **colocar el gráfico en la orientación correcta**. Para ello, se debe girar el círculo hasta que el signo correspondiente al **Ascendente** quede situado a la izquierda. En este caso, Escorpio es el signo ascendente, por lo que deberá ocupar esa posición.

Trazado de los Ejes Principales

1. Eje Ascendente - Descendente

- o Utilizando una regla, se dibuja una línea desde **14° 16′ de Escorpio** (I Casa), atravesando el centro del círculo hasta su punto opuesto, **14° 16′ de Tauro** (VII Casa).
- o Dado que este eje es de gran importancia, debe resaltarse extendiendo la línea más allá de la circunferencia.

2. Eje Medio Cielo - Fondo del Cielo

- o Se traza una línea desde **25° de Leo** (X Casa) hasta **25° de Acuario** (IV Casa).
- o Al igual que el eje anterior, esta línea debe destacarse para resaltar su importancia en la estructura del gráfico.

Trazado de las demás Casas

Siguiendo el mismo método, se dibujan las restantes Casas, aunque en este caso las líneas solo deben llegar hasta el borde interno de la circunferencia:

- Eje Casa 11 - Casa 5 → 27° de Virgo - 27° de Piscis
- Eje Casa 12 - Casa 6 → 23° de Libra - 23° de Aries
- Eje Casa 2 - Casa 8 → 14° de Sagitario - 14° de Géminis
- Eje Casa 3 - Casa 9 → 18° de Capricornio - 18° de Cáncer

Finalización de la Domificación

Una vez trazadas todas las divisiones, la **domificación está completa**. Para finalizar esta parte del proceso, se deben numerar las Casas dentro de su espacio correspondiente. Es importante recordar que las **Casas cardinales**—las que marcan los ejes fundamentales—se identifican con **números romanos**:

- I Casa (Ascendente)
- IV Casa (Fondo del Cielo)
- VII Casa (Descendente)
- X Casa (Medio Cielo)

Estas Casas dividen el gráfico en **cuatro sectores fundamentales**, conocidos como **cuadrantes del tema natal**.

La figura 4 en la página siguiente ilustra cómo debe presentarse el gráfico tras completar esta fase del trabajo.

Construcción del Tema Astral: Segunda Fase

Quienes dispongan de las **tablas de Casas** pueden repetir este procedimiento para construir su propio **tema natal**, marcando correctamente la posición de las Casas en su ficha astrológica personal (pág. 48).

La **segunda fase** del proceso consiste en **ubicar las posiciones planetarias** en el gráfico ya subdividido. Para ello, será necesario contar con las herramientas adecuadas, como las **tablas de efemérides**, que proporcionan la posición exacta de los planetas en el momento del nacimiento.

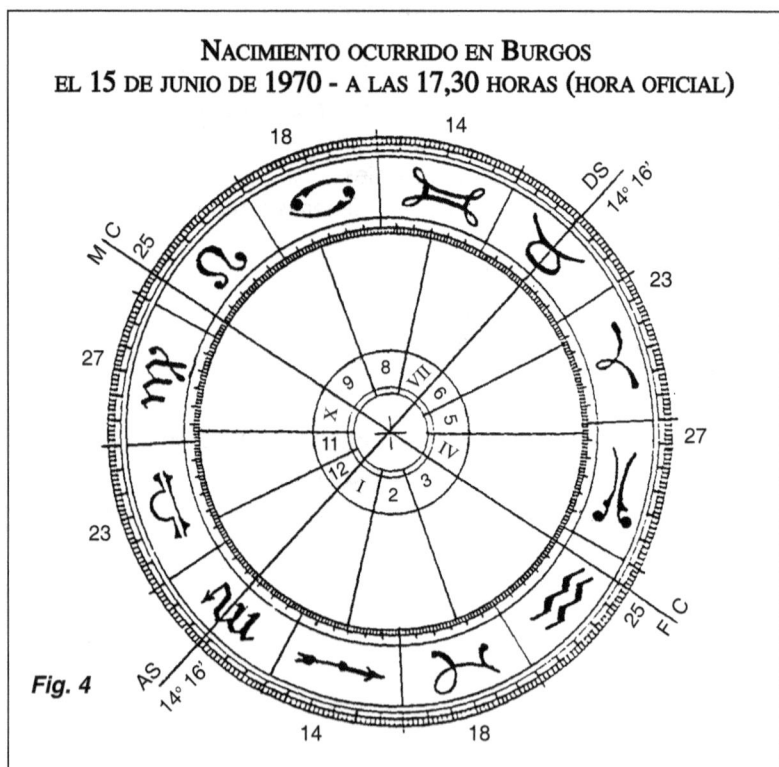

NACIMIENTO OCURRIDO EN BURGOS
EL 15 DE JUNIO DE 1970 - A LAS 17,30 HORAS (HORA OFICIAL)

Fig. 4

En las páginas **66 y 67** se presenta una versión de una **tabla de efemérides** correspondiente al período de nuestro ejemplo (**junio de 1970**). Antes de proceder con su consulta, es importante recordar que:

1. Los **signos zodiacales** se representan mediante los **glifos** ya mencionados anteriormente.
2. Los **planetas** también tienen su propio **símbolo gráfico**, que se ilustrará uno por uno en esta sección.

Consulta de las Efemérides

Para interpretar correctamente una tabla de efemérides, es fundamental familiarizarse con los símbolos y la estructura de la tabla. Las efemérides proporcionan la **posición exacta de los planetas** en un momento determinado, generalmente con referencia a la **medianoche (00:00)** o el **mediodía (12:00)** del Tiempo Universal (UT).

Las ediciones de efemérides más accesibles y utilizadas incluyen:

- **The Rosicrucian Ephemeris 1900-2000** (*Edición Internacional Maison Rosacrucienne, para las 00:00 UT*).
- **The American Ephemeris 1900-2000** (*Neil F. Michelsen, Ed. Astro Computing Services, para las 00:00 UT*).
- **Die Deutsche Ephemeride** (*Barth, ediciones decenales, para las 00:00 UT*).
- **Raphael's Ephemeris** (*Ed. Foulsham & Co., ediciones anuales, para las 12:00 UT*).

Estas fuentes son ampliamente utilizadas en astrología y permiten calcular con precisión la **ubicación de los planetas** en un momento específico. Una vez obtenidos los datos, se podrán trasladar al gráfico del tema natal para su interpretación.

EFEMÉRIDES RELATIVAS A JUNIO DE 1970					
Fecha	Tiempo sideral	☉	☽	☿	♀
	h min s	° ′ ″	° ′ ″	° ′ ″	° ′ ″
1 Lu	16 36 15	10♊05 42	2♉13 19	16♉40 8	11♋17 0
2 Ma	16 40 12	11 03 13	15 37 14	17 24 5	12 28 7
3 Mi	16 44 08	12 00 43	28 49 22	18 12 0	13 40 4
4 Ju	16 48 05	12 58 12	11♊48 14	19 03 2	14 52 1
5 Vi	16 52 01	13 55 40	24 32 42	19 57 9	16 03 7
6 Sa	16 55 58	14 53 08	7♋02 26	20 56 1	17 15 2
7 Do	16 59 55	15 50 34	19 18 08	21 57 8	18 26 7
8 Lu	17 03 51	16 47 59	1♌21 35	23 02 8	19 38 1
9 Ma	17 07 48	17 45 23	13 15 41	24 11 0	20 49 5
10 Mi	17 11 44	18 42 46	25 04 22	25 22 5	22 00 8
11 Ju	17 15 41	19 40 08	6♍52 16	26 37 1	23 12 1
12 Vi	17 19 37	20 37 29	18 44 35	27 54 9	24 23 3
13 Sa	17 23 34	21 34 49	0♎46 46	29 15 7	25 34 4
14 Do	17 27 31	22 32 08	13 04 10	0♊39 7	26 45 5
15 Lu	17 31 27	23 29 26	25 41 35	2 06 6	27 56 5
16 Ma	17 35 24	24 26 43	8♏42 44	3 36 5	29 07 4
17 Mi	17 39 20	25 24 00	22 09 38	5 09 4	0♌18 4
18 Ju	17 43 17	26 21 15	6♐02 03	6 45 3	1 29 0
19 Vi	17 47 13	27 18 31	20 17 09	8 24 1	2 39 8
20 Sa	17 51 10	28 15 46	4♑49 37	10 05 9	3 50 4
21 Do	17 55 06	29 13 00	19 32 25	11 50 4	5 01 0
22 Lu	17 59 03	0♋10 14	4≈17 49	13 37 8	6 11 5
23 Ma	18 03 00	1 07 27	18 58 45	15 27 9	7 21 9
24 Mi	18 06 56	2 04 41	3♓29 41	17 20 7	8 32 3
25 Ju	18 10 53	3 01 54	17 47 03	19 16 1	9 42 5
26 Vi	18 14 49	3 59 07	1♈49 09	21 13 9	10 52 8
27 Sa	18 18 46	4 56 20	15 35 42	23 14 0	12 02 9
28 Do	18 22 42	5 53 34	29 07 14	25 16 3	13 12 9
29 Lu	18 26 39	6 50 47	12♉24 36	27 20 4	14 22 9
30 Ma	18 30 35	7♋48 00	25 28 37	29♊26 4	15♌32 8

♂			♃			♄			♅			♆			♇		
°	′	″	°	′	″	°	′	″	°	′	″	°	′	″	°	′	″
29♊08		9	26♎R48		9	15♉R47		0	4♎R42		8	29♏R13		8	24♍R40		8
29	48	7	26	45	1	15	54	3	4	42	2	29	12	2	24	40	7
0♋28		4	26	41	4	16	01	5	4	41	7	29	10	6	24	40	6
1	08	1	26	37	9	16	08	7	4	41	2	29	09	0	24	40	6
1	47	7	26	34	5	16	15	8	4	40	8	29	07	5	24	40	5
2	27	4	26	31	3	16	22	9	4	40	4	29	05	9	24	40	6
3	07	0	26	28	3	16	30	0	4	40	1	29	04	4	24	40	6
3	46	6	26	25	5	16	37	1	4	39	9	29	02	8	24	40	7
4	26	1	26	22	8	16	44	1	4	39	6	29	01	3	24	40	4
5	05	6	26	20	3	16	51	0	4	39	5	29	59	8	24	40	9
5	45	1	26	18	0	16	58	0	4	39	4	28	58	3	24	41	1
6	24	6	26	15	9	17	04	9	4	39	3	28	56	8	24	41	3
7	04	0	26	13	9	17	11	7	4	39	4	28	55	3	24	41	5
7	43	4	26	12	2	17	18	5	4	39	4	28	53	9	24	41	8
8	22	8	26	10	6	17	25	3	4	39	5	28	52	4	24	42	1
9	02	1	26	09	1	17	32	0	4	39	7	28	51	0	24	42	4
9	41	4	26	07	9	17	38	6	4	39	9	28	49	6	24	42	8
10	20	7	26	06	8	17	45	3	4	40	2	28	48	2	24	43	2
11	00	0	26	06	0	17	51	8	4	40	5	28	46	8	24	43	6
11	39	2	26	05	3	17	58	4	4	40	9	28	45	4	24	44	1
12	18	4	26	04	8	18	04	8	4	41	3	28	44	1	24	44	6
12	57	6	26	04	4	18	11	3	4	41	8	28	42	8	24	45	1
13	36	8	26	04	3	18	17	6	4	42	3	28	41	4	24	45	7
14	15	9	26	04	3	18	23	9	4	42	9	28	40	1	24	46	3
14	55	1	26	04	5	18	30	2	4	43	6	28	39	9	24	46	9
15	34	2	26	04	8	18	36	4	4	44	3	28	37	6	24	47	5
16	13	2	26	05	4	18	42	6	4	45	0	28	36	4	24	48	2
16	52	3	26	06	1	18	48	7	4	45	8	28	35	1	24	48	9
17	31	3	26	07	0	18	54	7	4	46	7	28	33	9	24	49	7
18♋10		4	26♎08		1	19♉00		7	4♎47		6	28♏32		8	24♍50		4

Interpretación de la Tabla de Efemérides

En las páginas **66 y 67** se presenta una tabla de **efemérides** correspondiente al período examinado en nuestro ejemplo (**junio de 1970**). Para interpretar correctamente estos datos, es fundamental conocer la estructura de la tabla y los símbolos utilizados para representar los signos y los planetas.

Las efemérides muestran las posiciones planetarias para un momento específico del día, generalmente **00:00 UT** (Tiempo Universal) o, en algunas ediciones, **12:00 UT**. Es importante verificar en cada edición el horario de referencia de los datos.

Estructura de la Tabla de Efemérides

Empezando por la izquierda, la tabla se organiza en las siguientes columnas:

1. **Día del mes y de la semana**: Indica la fecha de los datos presentados.

2. **Tiempo sideral**: Proporciona la **hora sideral** para **00:00 UT** del día en cuestión. Esta información es esencial para la **domificación** y corresponde a los valores aproximados presentados en la tabla resumida de la página 57.
   o **Nota**: Para cálculos más precisos, se debe ajustar la hora de nacimiento considerando el **huso horario** y la posible **hora oficial estival**.
   o **Ejemplo**: Si la hora de nacimiento es **17:30**, con una corrección de **-1 hora** por huso horario y **-1 hora adicional** por horario de verano, la hora ajustada será **16:30**.

A partir de la tercera columna, se presentan las **longitudes zodiacales** de los planetas para **00:00 UT** del día correspondiente:

3. **Longitud del Sol (☉)**
   o Indica la posición del Sol en el zodiaco.

o Para simplificar los cálculos, se recomienda mantener la posición registrada para nacimientos **antes de las 12:00** y **redondear al grado superior** para nacimientos **después de las 12:00**.
o **Ejemplo**: En nuestro caso, el Sol se encuentra en **24° de Géminis**.

4. Longitud de la Luna (☽)

o La Luna es el astro de movimiento más rápido, desplazándose **aproximadamente 1° cada 2 horas**.
o Para obtener su posición exacta, se debe calcular la interpolación basándose en la hora de nacimiento ajustada.
o **Ejemplo**:
  • Posición de la Luna a **00:00 UT** del 15 de junio: **25° 41' Libra**.
  • Desplazamiento estimado en **16 h 30 min**: **+8° 15'**.
  • **Resultado preliminar: 33° 56'** Como supera los **30°**, la Luna ha ingresado en el siguiente signo.
  • **Posición final: 3° 56' Escorpio**.

5. Longitud de Mercurio (☿)

o Posición a **00:00 UT: 2° 06' Géminis**.

6. Longitud de Venus (♀)

o Posición a **00:00 UT: 27° 56' Cáncer**.

7. Longitud de Marte (♂)

o Posición a **00:00 UT: 8° 22' Cáncer**.

Interpolación de los Planetas Rápidos

Mercurio, Venus y Marte se mueven a mayor velocidad que los planetas exteriores, por lo que su posición para la hora de nacimiento debe ajustarse mediante **interpolación**. Existen **tablas especializadas** para facilitar este cálculo, aunque en este libro se recomienda **tomar como referencia la posición registrada a 00:00 UT** para simplificar el proceso.

Planetas Exteriores y Movimiento Retrógrado

8. **Longitud de Júpiter (♃)**
   o Posición a 00:00 UT: 26° 10' Libra.
   o En la primera línea de esta columna aparece una **R**, lo que indica que Júpiter está en **movimiento retrógrado** (se desplaza en aparente dirección inversa en el zodiaco).
   o Se debe anotar esta particularidad añadiendo una **R** junto a la posición del planeta.

9. **Longitud de Saturno (♄)**
   o Posición a 00:00 UT: 17° 25' Tauro.

10. **Longitud de Urano (♅)**
    o Posición a 00:00 UT: 4° 39' Libra.
    o En esta columna aparece primero una **R** (movimiento retrógrado), pero más adelante una **D** indica que el planeta ha retomado su **movimiento directo**, por lo que no es necesario anotar ninguna marca especial.

11. **Longitud de Neptuno (♆)**
    o Posición a 00:00 UT: 28° 52' Escorpio.
    o Indicado en la tabla como **retrógrado (R)**.

12. **Longitud de Plutón (♇)**
    o Posición a 00:00 UT: 24° 42' Virgo.

Finalización del Gráfico Natal

Una vez obtenidas todas las posiciones planetarias, se trasladan al gráfico natal (véase fig. 5). Con esto, el gráfico queda **completo**, mostrando la **ubicación exacta de los planetas en los signos y en las Casas**.

Quienes dispongan de **efemérides** pueden repetir este proceso para calcular su **propio horóscopo**, registrando las posiciones planetarias en su **ficha astrológica personal** (pág. 48). Para quienes no tengan acceso a efemérides, en las **págs. 83-94** se incluyen **tablas resumen** con las posiciones generales de los planetas exteriores (**Júpiter, Saturno, Urano, Neptuno y Plutón**). Sin embargo, para calcular con precisión la ubicación de los planetas más rápidos (**Mercurio, Venus y Marte**), es indispensable **consultar las efemérides completas**.

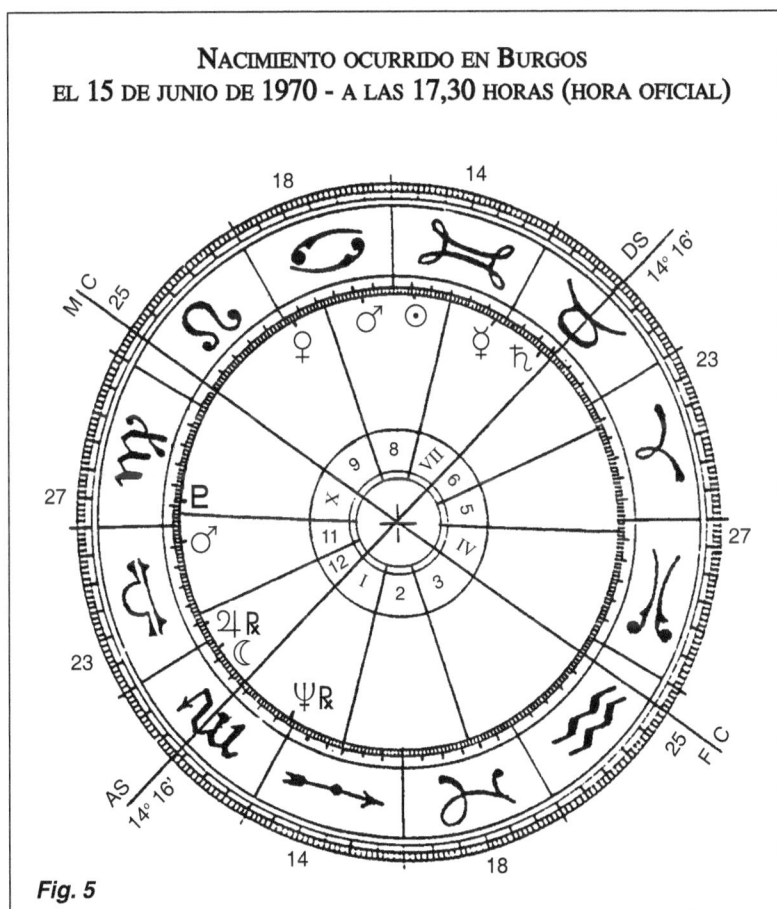

NACIMIENTO OCURRIDO EN BURGOS
EL 15 DE JUNIO DE 1970 - A LAS 17,30 HORAS (HORA OFICIAL)

Fig. 5

Significado de los planetas

Luna

La **Luna** simboliza la esfera **sensible y receptiva** de la persona, reflejando su capacidad de **imaginación, asimilación e intuición**. En el plano del carácter, indica un marcado componente **emocional**, con una predisposición a la **impresionabilidad, la inquietud y la melancolía**, pero también al **talento, la fantasía y el capricho**.

Este astro rige las **reacciones individuales** ante los múltiples estímulos del entorno, influyendo en la **adaptabilidad** y en la forma en que se afrontan los cambios. Representa el flujo de las circunstancias, la interacción con la sociedad, la multitud y el sentido de pertenencia. Además, está estrechamente ligada a las **cualidades intuitivas y mágicas**, aquellas que escapan a la lógica racional, como la **atracción inexplicable, las premoniciones y los dones extrasensoriales**.

La Luna y la Figura Materna

La Luna está asociada con la **figura materna**, reflejando la imagen de la madre que cada persona lleva consigo. En los temas natales de mujeres, indica el **tipo de feminidad** que expresan, sus **expectativas emocionales** y su manera de relacionarse con el otro sexo. En los temas masculinos, representa la **visión de lo femenino**, la imagen de la mujer idealizada y el tipo de conexión emocional que se busca en una pareja.

Asimismo, la Luna está vinculada a la **familia y el hogar**, así como a la **infancia y sus experiencias fundamentales**. Su posición en el tema natal puede revelar la presencia de **inseguridades o comportamientos infantiles** derivados de los primeros años de vida y del vínculo con la familia. También indica la **necesidad de protección**, el grado de pasividad o dependencia emocional, y la facilidad para **integrarse en el entorno social**.

Entre las cualidades que rige la Luna se encuentran la **sociabilidad, la cordialidad, la confianza, la necesidad de compañía y apoyo**, así como la **capacidad de adaptación a las circunstancias**.

Luna Dominante en el Tema Natal

Cuando la Luna ocupa una posición **dominante** en el horóscopo, moldea un carácter con tendencias a la **inestabilidad emocional**, inclinación a la **pereza física** y una cierta inquietud psíquica. Sin embargo, también potencia una gran **imaginación**, sensibilidad y capacidad de inspiración, otorgando al individuo un temperamento altamente **creativo y soñador**.

	En.	Feb.	Mar.	Abr.	May.	Jun.	Jul.	Ag.	Sept.	Oct.	Nov.	Dic.
TABLA -A- PARA BUSCAR LA POSICIÓN DE LA LUNA												
1920	2,7	6,4	8,1	11,8	14,4	18,1	20,8	24,5	0,8	3,5	7,2	9,9
1921	13,5	17,2	17,9	21,6	24,3	0,6	3,3	7,0	10,7	13,3	17,0	19,7
1922	23,4	27,0	0,4	4,1	6,8	10,4	13,1	16,8	20,5	23,2	26,8	2,2
1923	5,9	9,5	10,2	13,9	16,6	20,3	22,9	26,6	3,0	5,6	9,3	12,0
1924	15,7	19,4	21,0	24,7	0,1	3,8	6,4	10,1	13,8	16,5	20,1	22,8
1925	26,5	2,9	3,5	7,2	9,9	13,6	16,3	19,9	23,6	26,3	2,6	5,3
1926	9,0	12,7	13,4	17,0	19,7	23,4	26,1	2,4	6,1	8,8	12,5	15,1
1927	18,8	22,5	23,2	26,9	2,2	5,9	8,6	12,2	15,9	18,6	22,3	25,0
1928	1,3	5,0	6,7	10,4	13,0	16,7	19,4	23,1	26,7	2,1	5,8	8,5
1929	12,1	15,8	16,5	20,2	22,9	26,5	1,9	5,6	9,2	11,9	15,6	18,3
1930	22,0	25,6	26,3	2,7	5,3	9,0	11,7	15,4	19,1	21,7	25,4	0,8
1931	4,5	8,1	8,8	12,5	15,2	18,8	21,5	25,2	1,6	4,2	7,9	10,6
1932	14,3	18,0	19,6	23,3	26,0	2,3	5,0	8,7	12,4	15,1	18,7	21,4
1933	25,1	1,5	2,1	5,8	8,5	12,2	14,8	18,5	22,2	24,9	1,2	3,9
1934	7,6	11,3	11,9	15,6	18,3	22,0	24,7	1,0	4,7	7,4	11,1	13,7
1935	17,4	21,1	21,8	25,4	0,8	4,5	7,2	10,8	14,5	17,2	20,9	23,6
1936	27,2	3,6	5,3	8,9	11,6	15,3	18,0	21,7	25,3	0,7	4,4	7,1
1937	10,7	14,4	15,1	18,8	21,4	25,1	0,5	4,2	7,8	10,5	14,2	16,9
1938	20,5	24,2	24,9	1,3	3,9	7,6	10,3	14,0	17,7	20,3	24,0	26,7
1939	3,0	6,7	7,4	11,1	13,8	17,4	20,1	23,8	0,2	2,8	6,5	9,2
1940	12,9	16,5	18,2	21,9	24,6	0,9	3,6	7,3	11,0	13,6	17,3	20,0
1941	23,7	0,0	0,7	4,4	7,1	10,8	13,4	17,1	20,8	23,5	27,1	2,5
1942	6,2	9,9	10,5	14,2	16,9	20,6	23,3	26,9	3,3	6,0	9,6	12,3
1943	16,0	19,7	20,4	24,0	26,7	3,1	5,8	9,4	13,1	15,8	19,5	22,1
1944	25,8	2,2	3,9	7,5	10,2	13,9	16,6	20,2	23,9	26,6	3,0	5,6
1945	9,3	13,0	13,7	17,4	20,0	23,7	26,4	2,7	6,4	9,1	12,8	15,5
1946	19,1	22,8	23,5	27,2	2,5	6,2	8,9	12,6	16,2	18,9	22,6	25,3
1947	1,6	5,3	6,0	9,7	12,4	16,0	18,7	22,4	26,1	1,4	5,1	7,8
1948	11,5	15,1	16,8	20,5	23,2	26,8	2,2	5,9	9,6	12,2	15,9	18,6
1949	22,3	26,0	26,6	3,0	5,7	9,3	12,0	15,7	19,4	22,1	25,7	1,1
1950	4,8	8,5	9,1	12,8	15,5	19,2	21,8	25,5	1,9	4,6	8,2	10,9
1951	14,6	18,3	18,9	22,6	25,3	1,7	4,3	8,0	11,7	14,4	18,1	20,7
1952	24,4	0,8	2,4	6,1	8,8	12,5	15,2	18,8	22,5	25,2	1,6	4,2
1953	7,9	11,6	12,3	15,9	18,6	22,3	25,0	1,3	5,0	7,7	11,4	14,1
1954	17,7	21,4	22,1	25,8	1,1	4,8	7,5	11,2	14,8	17,5	21,2	23,9

	En.	Feb.	Mar.	Abr.	May.	Jun.	Jul.	Ag.	Sept.	Oct.	Nov.	Dic.

TABLA -A- PARA BUSCAR LA POSICIÓN DE LA LUNA

	En.	Feb.	Mar.	Abr.	May.	Jun.	Jul.	Ag.	Sept.	Oct.	Nov.	Dic.
1955	0,2	3,9	4,6	8,3	10,9	14,6	17,3	21,0	24,7	0,0	3,7	6,4
1956	10,0	13,7	15,4	19,1	21,8	25,4	0,8	4,5	8,2	10,8	14,5	17,2
1957	20,9	24,5	25,2	1,6	4,3	7,9	10,6	14,3	18,0	20,7	24,3	27,0
1958	3,4	7,0	7,7	11,4	14,1	17,8	20,4	24,1	0,5	3,1	6,8	9,5
1959	13,2	16,9	17,5	21,2	23,9	0,3	2,9	6,6	10,3	13,0	16,6	19,3
1960	23,0	26,7	1,0	4,7	7,4	11,1	13,8	17,4	21,1	23,8	0,1	2,8
1961	6,5	10,2	10,9	14,5	17,2	20,9	23,6	27,2	3,6	6,3	10,0	12,6
1962	16,3	20,0	20,7	24,4	27,0	3,4	6,1	9,7	13,4	16,1	19,8	22,5
1963	26,1	2,5	3,2	6,9	9,5	13,2	15,9	19,6	23,2	25,9	2,3	5,0
1964	8,6	12,3	14,0	17,7	20,4	24,0	26,7	3,1	6,7	9,4	13,1	15,8
1965	19,5	23,1	23,8	0,2	2,8	6,5	9,2	12,9	16,6	19,2	22,9	25,6
1966	2,0	5,6	6,3	10,0	12,7	16,3	19,0	22,7	26,4	1,7	5,4	8,1
1967	11,8	15,5	16,1	19,8	22,5	26,2	1,5	5,2	8,9	11,6	15,2	17,9
1968	21,6	25,3	27,0	3,3	6,0	9,7	12,3	16,0	19,7	22,4	26,1	1,4
1969	5,1	8,8	9,4	13,1	15,8	19,5	22,2	25,8	2,2	4,9	8,6	11,2
1970	14,9	18,6	19,3	22,9	25,6	2,0	4,7	8,3	12,0	14,7	18,4	21,1
1971	24,7	1,1	1,8	5,4	8,1	11,8	14,5	18,2	21,8	24,5	0,9	3,5
1972	7,2	10,9	12,6	16,3	18,9	22,6	25,3	1,7	5,3	8,0	11,7	14,4
1973	18,0	21,7	22,4	26,1	1,4	5,1	7,8	11,5	15,2	17,8	21,5	24,2
1974	0,5	4,2	4,9	8,6	11,3	14,9	17,6	21,3	25,0	0,3	4,0	6,7
1975	10,4	14,0	14,7	18,4	21,1	24,8	0,1	3,8	7,5	10,1	13,8	16,5
1976	20,2	23,9	25,5	1,9	4,6	8,3	10,9	14,6	18,3	21,0	24,6	0,0
1977	3,7	7,4	8,0	11,7	14,4	18,1	20,8	24,4	0,8	3,5	7,1	9,8
1978	13,5	17,2	17,9	21,5	24,2	0,6	3,3	6,9	10,6	13,3	17,0	19,6
1979	23,3	27,0	0,4	4,0	6,7	10,4	13,1	16,7	20,4	23,1	26,8	2,1
1980	5,8	9,5	11,2	14,9	17,5	21,2	23,9	0,2	3,9	6,6	10,3	13,0
1981	16,6	20,3	21,0	24,7	0,0	3,7	6,4	10,1	13,7	16,4	20,1	22,8
1982	26,5	2,8	3,5	7,2	9,8	13,5	16,2	19,9	23,6	26,2	2,6	5,3
1983	9,0	12,6	13,3	17,0	19,7	23,3	26,0	2,4	6,1	8,7	12,4	15,1
1984	18,8	22,5	24,1	0,5	3,2	6,8	9,5	13,2	16,9	19,6	23,2	25,9
1985	2,3	6,0	6,6	10,3	13,0	16,7	19,3	23,0	26,7	2,1	5,7	8,4
1986	12,1	15,8	16,4	20,1	22,8	26,5	1,8	5,5	9,2	11,9	15,6	18,2
1987	21,9	25,6	26,3	2,6	5,3	9,0	11,7	15,3	19,0	21,7	25,4	0,7
1988	4,4	8,1	9,8	13,4	16,1	19,8	22,5	16,2	2,5	5,2	8,9	11,6
1989	15,2	18,9	19,6	23,3	25,9	2,3	5,0	8,7	12,3	15,0	18,7	21,4

Influencia de la Luna en la Personalidad

Las personas con una **Luna dominante** en su carta natal tienden a alejarse de los esquemas rígidos de la **racionalidad**, guiándose más por su **estado de ánimo e intuiciones**. Su comportamiento puede resultar **imprevisible y caprichoso**, pero también profundamente **sensible**, con una **vida interior rica y compleja**.

Cómo Determinar la Posición de la Luna

La **Luna** es el cuerpo celeste que se desplaza con mayor rapidez a lo largo de la banda zodiacal, cambiando de signo aproximadamente cada **60 horas**. Debido a esta velocidad, si no se cuenta con **efemérides**, puede resultar difícil conocer con precisión su posición exacta en el momento del nacimiento. No obstante, existen **tablas simplificadas** que permiten estimar su ubicación.

Las **tablas A y B** proporcionan una manera sencilla de determinar el signo zodiacal en el que se encontraba la Luna en una fecha determinada.

Uso de las Tablas para Calcular la Posición de la Luna

1. **Consulta en la Tabla A**
   o Localizar el **año y el mes de nacimiento**.
   o En el punto de intersección de la columna y la fila correspondientes, se encontrará un número.
2. **Cálculo del valor de referencia**
   o Al número obtenido en la **Tabla** A, se le suma el **día de nacimiento**.
3. **Consulta en la Tabla B**
   o Buscar el **resultado de la suma** en la **Tabla B**.
   o El signo zodiacal en el que aparece el número resultante será el signo en el que se encontraba la **Luna** en la fecha de nacimiento.

Ejemplo de Cálculo

Supongamos un nacimiento ocurrido el **17 de julio de 1987.**

- En la **Tabla A**, para **julio de 1987**, el número obtenido en la intersección es **11,7.**
- Sumamos este valor al día de nacimiento:
  11,7 + 17 = 28,7.
- Consultamos la **Tabla** B, donde el número **28,7** corresponde al signo de **Arie**s.

Por lo tanto, en este caso, la **Luna estaba en Aries** en el momento del nacimiento.

Siguiendo este procedimiento, cada persona puede determinar y registrar la posición de su **Luna natal** en la **ficha astrológica personal** ubicada en la página 48.

TABLA -B- PARA BUSCAR LA POSICIÓN DE LA LUNA					
0	Aries	2,7	32,3	Géminis	34,6
2,7	Tauro	5	34,6	Cáncer	36,9
5	Géminis	7,3	36,9	Leo	39,2
7,7	Cáncer	9,6	39,2	Virgo	41,2
9,6	Leo	11,8	41,2	Libra	43,7
11,8	Virgo	14,1	43,7	Escorpio	46
14,1	Libra	16,4	46	Sagitario	48,3
16,4	Escorpio	18,7	48,3	Capricornio	50,5
18,7	Sagitario	20,9	50,5	Acuario	52,8
20,9	Capricornio	23,2	52,8	Piscis	55,1
23,2	Acuario	25,2	55,1	Aries	57,4
25,2	Piscis	27,8	57,4	Tauro	59,6
27,8	Aries	30	59,6	Géminis	61,9
30	Tauro	32,3	61,9	Cáncer	—

MERCURIO	VENUS	MARTE

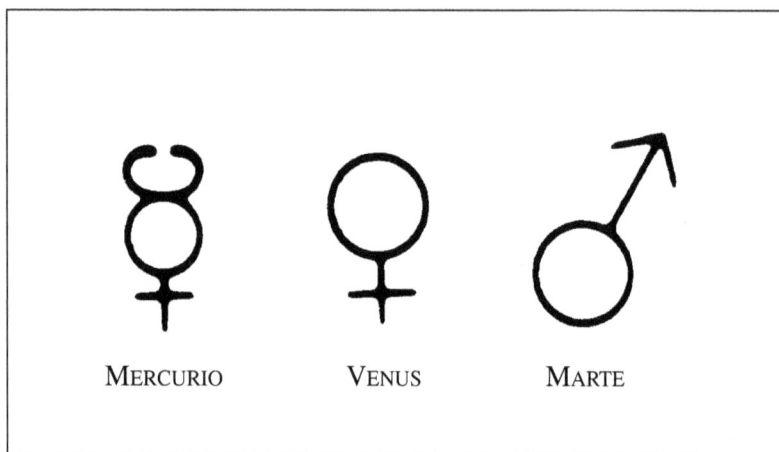

Los Planetas Personales y su Influencia en la Personalidad

Después del **Sol** y la **Luna**, los planetas **Mercurio, Venus y Marte** desempeñan un papel fundamental en la configuración de la personalidad, delineando los rasgos más distintivos del "retrato astral".

Dado que estos planetas cambian de posición con frecuencia dentro del zodiaco, no es posible incluir **tablas sinópticas** con sus ubicaciones precisas. Su posición debe calcularse consultando las **efemérides** (véase nota en la pág. 65). Una vez determinadas, pueden registrarse en la **ficha astrológica personal** en la pág. 48.

Mercurio: La Inteligencia y la Comunicación

Mercurio simboliza la **interacción intelectual** entre el individuo y el mundo. Representa las capacidades **cognitivas**, la **agilidad mental**, la percepción y la habilidad de razonar, analizar y procesar información. Bajo su influencia se encuentran cualidades como:

- Observación y rapidez de reflejos.
- Curiosidad y versatilidad mental.
- Astucia, ingenio y perspicacia.
- Capacidad para aprender y transmitir conocimientos.
- Dotes expresivas, tanto en la palabra como en la escritura.

Mercurio también está vinculado a la **comunicación**, las **relaciones sociales**, los **viajes** y los **medios de transporte y tecnología**. En el ámbito personal, influye en la relación con **hermanos, amigos y coetáneos**, y está asociado a la juventud, la espontaneidad y el sentido del humor.

Mercurio en Posición Dominante

Cuando Mercurio ocupa un lugar clave en el tema natal, dota a la personalidad de una gran **curiosidad intelectual, rapidez mental y necesidad de expresión**. La persona tiende a ser locuaz, perspicaz y con una inclinación natural hacia el aprendizaje y la socialización. Su mente aguda puede manifestarse a través del **humor irónico, el pensamiento crítico y, en ocasiones, un carácter algo polémico**. También sobresale en entornos donde se requiere **habilidad verbal, persuasión e ingenio**.

Venus: El Amor, la Belleza y la Armonía

Venus gobierna la **esfera del sentimiento y el placer**, influyendo en la manera en que la persona **ama, disfruta y se relaciona emocionalmente** con el mundo. Bajo su regencia se encuentran:

- La capacidad de amar y establecer vínculos afectivos.
- El grado de altruismo y entrega en las relaciones.
- La sensibilidad estética y el talento artístico.
- El placer por la belleza, la armonía y el confort.
- La diplomacia, la sociabilidad y la simpatía personal.

Venus también tiene un papel fundamental en la **vida amorosa**, influyendo en el tipo de relación sentimental que se busca, la forma de expresar el amor y la manera en que se experimenta la atracción. Su posición en el tema natal proporciona información sobre los **escenarios más propicios para el amor**, las relaciones más compatibles y posibles **desafíos en la pareja o en la vida sexual**.

Venus en Posición Dominante

Quienes tienen a Venus en una posición fuerte dentro de su carta astral suelen ser **amables, carismáticos y sociables**. Poseen un temperamento **afectuoso y encantador**, lo que los hace atractivos para los demás. Sin embargo, también pueden tender a la **comodidad y al hedonismo**, prefiriendo evitar esfuerzos o responsabilidades pesadas.

Venus es considerado la **"pequeña fortuna"**, ya que otorga **protección y facilidad en las relaciones personales**, asegurando que aquellos bajo su influencia sepan **disfrutar de los placeres de la vida y ganarse el cariño de los demás**.

Marte: La Energía, la Acción y la Voluntad

Marte representa la **fuerza impulsora** que permite a la persona **actuar, luchar y conquistar sus objetivos**. Es el planeta de la **acción, la determinación y la afirmación personal**.

Bajo su influencia se encuentran:

- El coraje y la capacidad de tomar iniciativa.
- El espíritu de liderazgo y la independencia.
- El entusiasmo, la energía vital y la competitividad.
- La agresividad, la impulsividad y el deseo de imponerse.
- La capacidad de lucha y resistencia ante los obstáculos.

Marte también está asociado a la **vitalidad física**, la resistencia, el deporte y la capacidad de **enfrentarse a desafíos**. Su influencia puede manifestarse como **determinación y valentía**, pero también como **impaciencia, imprudencia o agresividad**, dependiendo de su posición en el tema natal.

En los temas femeninos, Marte representa **la imagen del amante o la pareja masculina ideal**. En los temas masculinos, simboliza la **virilidad, la energía sexual y la forma en que el individuo se impone en el mundo**.

Marte en Posición Dominante

Cuando Marte ocupa un lugar destacado en la carta natal, el individuo tiende a ser **dinámico, decidido y con una gran confianza en sí mismo**. Su energía le impulsa a tomar **decisiones rápidas**, a actuar sin titubeos y a imponerse en su entorno con determinación.

Sin embargo, puede carecer de **tacto y sensibilidad**, mostrando una actitud **impulsiva y dominante**. Su fuerte voluntad lo lleva a **buscar desafíos y a enfrentarse a la vida con intensidad**, consiguiendo el éxito a través del esfuerzo personal y la perseverancia.

♃	♄	⛢	♆	♇
JÚPITER	SATURNO	URANO	NEPTUNO	PLUTÓN

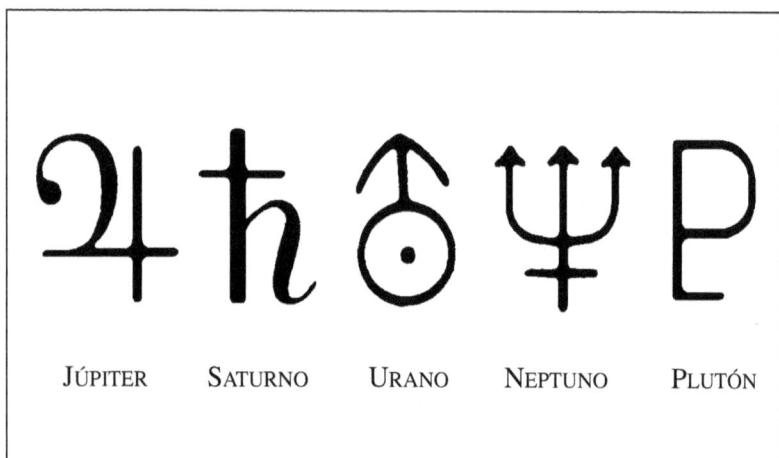

Los Planetas Lentos y su Influencia Global

Con **Júpiter** comienza el grupo de planetas lentos, aquellos cuya influencia trasciende lo individual para moldear tendencias más amplias en la personalidad y en la sociedad. Su impacto no es tan inmediato como el de los planetas rápidos, pero proporciona el marco en el que se desarrollan las características personales definidas por estos últimos.

Para facilitar su cálculo, en las páginas **83 a 94** se presentan **tablas sinópticas** con las posiciones zodiacales de los planetas lentos a lo largo del **siglo XX**, organizadas por signo. Un nativo de Aries, por ejemplo, solo deberá consultar la tabla correspondiente a su signo para encontrar la posición de estos planetas en el momento de su nacimiento. Luego, podrá registrar estos datos en la **ficha astrológica personal** de la página 48.

Júpiter: Expansión, Fortuna y Éxito

Júpiter representa la **expansión**, la integración del individuo en el mundo y su capacidad para lograr **éxito y reconocimiento social**.

Simboliza la **confianza en la vida, el optimismo, la generosidad y la facilidad para aprovechar oportunidades.** Su influencia se traduce en:

- Sociabilidad, simpatía y apertura al mundo.
- Tendencia a la satisfacción y al bienestar.
- Capacidad para superar obstáculos con una actitud positiva.
- Interés por la justicia, la moral y la ética.

A menudo llamado el **"astro de la fortuna"**, una buena posición de Júpiter en el horóscopo suaviza las dificultades, inspira **seguridad en sí mismo y en los demás** y favorece el éxito en el ámbito material y financiero. Representa la **riqueza interior**, pero también la prosperidad material, influyendo en el grado de **comodidad y estabilidad económica** que la persona puede alcanzar.

Júpiter en Posición Dominante

Cuando Júpiter ocupa un lugar destacado en la carta natal, otorga un temperamento **amable, benévolo y optimista.** La persona suele encontrar apoyo y simpatía con facilidad, logrando sus objetivos sin grandes dificultades. Se caracteriza por su **sabiduría, sentido común y actitud paternalista**, así como por su tendencia a disfrutar de los placeres de la vida con un sano hedonismo.

Saturno: Disciplina, Rigor y Superación

Saturno simboliza la **madurez, la responsabilidad y la autodisciplina.** Representa el enfrentamiento con las dificultades de la vida y la **capacidad de resistencia y perseverancia.** Su influencia se manifiesta en:

- Sentido del deber y de la responsabilidad.
- Prudencia, disciplina y organización.
- Capacidad para superar obstáculos mediante el esfuerzo.
- Seriedad, introspección y enfoque realista de la vida.

A menudo considerado un planeta "maléfico", Saturno no es en realidad un obstáculo, sino un **maestro severo** que pone a prueba la capacidad del individuo para crecer y madurar. Su energía ayuda a desarrollar **autoconfianza basada en la experiencia** y no en ilusiones. También rige el **estoicismo, la autoridad y la planificación a largo plazo.**

Saturno en Posición Dominante

Cuando Saturno es fuerte en la carta natal, otorga una personalidad **reservada, controlada y pragmática**, con tendencia al **escepticismo y al pesimismo.** Estas personas suelen ser **metódicas, resistentes y capaces de imponerse objetivos a largo plazo**, logrando el éxito con paciencia y tenacidad. Aunque pueden parecer distantes o frías, su solidez y coherencia las hacen figuras de autoridad y confianza.

Urano: Independencia, Revolución y Cambio

Urano, el primero de los planetas descubiertos con instrumentos ópticos, simboliza la **fuerza de cambio, la innovación y la independencia.** Su influencia se expresa en:

- **Rapidez en la toma de decisiones** y capacidad de resolución.
- **Necesidad de libertad e independencia.**
- **Tendencia a la rebeldía contra las normas establecidas.**
- **Innovación, creatividad y espíritu pionero.**

Urano es el **impulso revolucionario**, la energía que provoca **cambios abruptos** para transformar lo obsoleto en algo nuevo y funcional. Su acción es radical y muchas veces inesperada, generando **rupturas con el pasado** y abriendo camino a nuevas formas de pensar y actuar.

Urano en Posición Dominante

Una persona con Urano fuerte en su carta natal es **original, impredecible y decidida a marcar su propia diferencia.** Su vida suele estar marcada por **cambios drásticos y giros inesperados,** pues no teme alejarse de lo convencional para explorar **nuevas realidades y oportunidades.**

Neptuno: Espiritualidad, Sensibilidad y Sueños

Neptuno representa la **dimensión espiritual, la imaginación y la sensibilidad psíquica.** Es el planeta de la **transformación interior,** reflejando el proceso de evolución personal y colectiva. Su influencia se manifiesta en:

- **Búsqueda de significado y espiritualidad.**
- **Sensibilidad artística, inspiración y creatividad.**
- **Tendencia a la ensoñación, la evasión o el idealismo.**
- **Conexión con lo místico y lo desconocido.**

Si bien Neptuno en su mejor expresión despierta una **intuición extraordinaria y una conexión profunda con el arte y la espiritualidad,** también puede inducir **confusión, ilusiones o escapismo.** Su energía puede llevar al individuo a la inspiración o, en su lado menos armonioso, a la falta de dirección y a la sensación de pérdida o desorientación.

Neptuno en Posición Dominante

Las personas con Neptuno fuerte en su carta natal suelen ser **introspectivas, soñadoras y con una profunda sensibilidad emocional.** Sin embargo, pueden ser influenciables, perderse en ilusiones o dejarse llevar por fantasías que las alejan de la realidad. Si logran canalizar su energía, pueden desarrollar un talento artístico excepcional o una **gran conexión con el mundo espiritual.**

Plutón: Transformación, Poder y Regeneración

Plutón, el planeta más lejano de nuestro sistema solar, representa las **fuerzas profundas de transformación y regeneración**. Su acción es lenta pero poderosa, operando en los niveles más ocultos de la psique. Su influencia se expresa en:

- **Capacidad de cambio y renacimiento personal.**
- **Poder oculto, magnetismo y control sobre el entorno.**
- **Atracción por lo desconocido, lo tabú y lo secreto.**
- **Conexión con la fuerza vital y la sexualidad.**

Plutón rige los procesos de **destrucción y renacimiento**, ayudando a la persona a **deshacerse de lo viejo para dar paso a lo nuevo**. Puede representar tanto la capacidad de **resiliencia y empoderamiento personal** como la tendencia a la **manipulación, el control o el deseo de dominio sobre los demás.**

Plutón en Posición Dominante

Quienes tienen a Plutón fuerte en su carta natal poseen una personalidad **intensa y poderosa**, con una gran capacidad para influir en su entorno. Pueden ser **ambiciosos y magnéticos**, pero también propensos a luchas de poder y a la búsqueda de control. Su vida suele estar marcada por **transformaciones profundas y momentos de crisis que los llevan a renacer con más fuerza.**

En las tablas de las páginas siguientes se presentan las **posiciones zodiacales de los planetas lentos**, organizadas por signo. Un nativo de Aries, por ejemplo, podrá consultar su tabla correspondiente para encontrar dónde estaban estos planetas en su momento de nacimiento y completar su **ficha personal en la pág. 48.**

ARIES

Descubra aquí en qué signo se encontraban los planetas lentos el año de su nacimiento.

Plutón

del 1940 al 1957	: Leo
1958: Véase del 11/4	: Leo
del 1959 al 1971	: Virgo
del 1972 al 1983	: Libra
del 1984 al 1994	: Esc.
del 1995 al 2009	: Sag.
del 2009 al 2023	: Capr.

Neptuno

del 1917 al 1929	: Leo
del 1930 al 1942	: Virgo
1943: Lib. del 17/4	: Virgo
del 1944 al 1956	: Libra
del 1957 al 1969	: Esc.
del 1970 al 1983	: Sag.
del 1984 al 1997	: Capr.
del 1998 al 2012	: Ac.

Urano

del 1912-31/3/1919	: Ac.
del 1/4/19-30/3/27	: Piscis
del 31/3/27-27/3/35	: Aries
del 28/3/35-1942	: Tauro
del 1943 al 1949	: Gém.
del 1950 al 1956	: Cáncer
del 1957 al 1962	: Leo
del 1963 al 1968	: Virgo
del 1969 al 1974	: Libra
del 1975 al 1981	: Esc.
del 1982 al 1987	: Sag.
del 1988 al 31/3/95	: Capr.
del 1996 al 2003	: Ac.
del 2003 al 2011	: Piscis

Saturno

del 1911 al 25/3/13	: Tauro
del 26/3/13 al 1915	: Gém.
del 1916 al 1917	: Cáncer
del 1918 al 1919	: Leo
del 1920 al 1921	: Virgo
del 1922 al 1923	: Libra
1924: Esc. del 6/4	: Libra
del 1925 al 1926	: Esc.
del 1927 al 1928	: Sag.
del 1929 al 1931	: Capr.
del 1932 al 1934	: Ac.
del 1935 al 1937	: Piscis
del 1938 al 1939	: Aries
del 1940 al 1942	: Tauro
del 1943 al 1944	: Gém.
del 1945 al 1946	: Cáncer
del 1947 al 1948	: Leo
1949: Vir. del 31/4	: Leo
del 1950 al 1951	: Virgo
del 1952 al 1953	: Libra
del 1954 al 1955	: Esc.
del 1956 al 1958	: Sag.
del 1959 al 1961	: Capr.
del 1962 al 23/3/64	: Ac.
del 24/3/64 al 1966	: Piscis
del 1967 al 1969	: Aries
del 1970 al 1971	: Tauro
del 1972 al 17/4/74	: Gém.
del 18/4/74 al 1976	: Cáncer

del 1977 al 1978	: Leo
del 1979 al 1980	: Virgo
del 1981 al 1982	: Libra
del 1983 al 1985	: Esc.
del 1986 al 1987	: Sag.
del 1988 al 1990	: Capr.
del 1991 al 1993	: Ac.
del 1994 al 6/4/96	: Piscis
del 7/4/96 al 1998	: Aries
1999	: Tauro
del 1/3/99 al 20/4/01	: Géminis
del 20/4/01 al 22/4/05	: Cáncer
del 22/4/05 al 2/9/07	: Leo
del 2/9/07 al 29/10/09	: Virgo

Júpiter

1910	: Libra
1911	: Escorpio
1912	: Sagitario
1913	: Capricornio
1914	: Acuario
1915	: Piscis
1916	: Aries
1917	: Tauro
1918	: Géminis
1919	: Cáncer
1920	: Leo
1921	: Virgo
1922	: Libra
1923	: Escorpio
1924	: Sagitario
1925	: Capricornio
1926	: Acuario
1927	: Piscis
1928	: Aries
1929	: Tauro
1930	: Géminis
1931	: Cáncer
1932	: Leo
1933	: Virgo
1934	: Libra
1935	: Escorpio
1936	: Sagitario
1937	: Capricornio
1938	: Acuario
1939	: Piscis
1940	: Aries
1941	: Tauro
1942	: Géminis
1943	: Cáncer
1944	: Leo
1945	: Virgo
1946	: Libra
1947	: Escorpio
1948	: Sagitario
1949	: Capricornio
del 12/4	: Acuario
1950	: Acuario
1951	: Piscis
1952	: Aries
1953	: Tauro
1954	: Géminis
1955	: Cáncer
1956	: Leo
1957	: Virgo

1958	: Libra
1959	: Sagitario
1960	: Capricornio
1961	: Acuario
1962	: Acuario
del 25/3	: Piscis
1963	: Piscis
del 4/4	: Aries
1964	: Aries
del 12/4	: Tauro
1965	: Tauro
1966	: Géminis
1967	: Cáncer
1968	: Leo
1969	: Libra
del 30/3	: Virgo
1970	: Escorpio
1971	: Sagitario
1972	: Capricornio
1973	: Acuario
1974	: Piscis
1975	: Aries
1976	: Aries
del 26/3	: Tauro
1977	: Tauro
del 3/4	: Géminis
1978	: Géminis
del 12/4	: Cáncer
1979	: Cáncer
1980	: Virgo
1981	: Libra
1982	: Escorpio
1983	: Sagitario
1984	: Capricornio
1985	: Acuario
1986	: Piscis
1987	: Aries
1988	: Tauro
1989	: Géminis
1990	: Cáncer
1991	: Leo
1992	: Virgo
1993	: Libra
1994	: Escorpio
1995	: Sagitario
1996	: Capricornio
1997	: Acuario
1998	: Piscis
1999	: Aries
2000	: Tauro
del 1/7	: Géminis
2001	: Géminis
del 12/7	: Cáncer
2002	: Cáncer
del 1/8	: Leo
2003	: Leo
del 27/8	: Virgo
2004	: Virgo
del 25/9	: Libra
2005	: Libra
del 26/10	: Escorpio
2006	: Escorpio
del 24/11	: Sagitario
2007	: Sagitario
del 18/12	: Capricornio

TAURO
Descubra aquí en qué signo se encontraban los planetas lentos el año de su nacimiento.

Plutón
del 1940 al 1958 : Leo
del 1959 al 1972 : Virgo
del 1973 al 1983 : Libra
del 1984 al 1994 : Esc.
del 1995 al 2009 : Sag.
del 2009 al 2023 : Capr.

Neptuno
del 2/5/16 al 1929 : Leo
del 1930 al 1943 : Virgo
del 1944 al 1956 : Libra
del 1957 al 1969 : Esc.
1970: Sag. del 3/5 : Esc.
del 1971 al 1983 : Sag.
del 1984 al 1997 : Capr.
del 1998 al 2012 : Ac.

Urano
del 1912 al 1918 : Ac.
del 1919 al 1926 : Piscis
del 1927 al 1934 : Aries
del 1935 al 14/4/42 : Tauro
del 15/4/42 al 1949 : Gém.
del 1950 al 1956 : Cánc.
del 1957 al 1962 : Leo
del 1963 al 1968 : Virgo
del 1969 al 1974 : Libra
1975: Esc. del 1/5 : Libra
del 1976 al 1981 : Esc.
del 1982 al 1987 : Sag.
del 1988 al 1995 : Capr.
del 1996 al 2003 : Ac.
del 2003 al 2011 : Piscis

Saturno
del 17/5/10 al 1912 : Tauro
del 1913 al 10/5/15 : Gém.
del 11/5/15 al 1917 : Cáncer
del 1918 al 1919 : Leo
del 1920 al 1921 : Virgo
del 1922 al 1924 : Libra
del 1925 al 1926 : Esc.
del 1927 al 1928 : Sag.
1929: Capr. del 5/5 : Sag.
del 1930 al 1931 : Capr.
del 1932 al 1934 : Ac.
del 1935 al 24/4/37 : Piscis
del 25/4/37 al 1939 : Aries
del 1940 al 7/5/42 : Tauro
del 8/5/42 al 1944 : Gém.
del 1945 al 1946 : Cáncer
del 1947 al 1949 : Leo
del 1950 al 1951 : Virgo
del 1952 al 1953 : Libra
del 1954 al 1955 : Esc.
del 1956 al 1958 : Sag.
del 1959 al 1961 : Capr.
del 1962 al 1963 : Ac.
del 1964 al 1966 : Piscis
del 1967 al 28/4/69 : Aries
del 29/4/69 al 1971 : Tauro
del 1972 al 17/4/74 : Gém.
del 18/4/74 al 1976 : Cánc.
del 1977 al 1978 : Leo

del 1979 al 1980 : Virgo
del 1981 al 1982 : Libra
1983: Esc. del 6/5 : Libra
del 1984 al 1985 : Esc.
del 1986 al 1987 : Sag.
del 1988 al 1990 : Cánc.
del 1991 al 1993 : Ac.
del 1994 al 1995 : Piscis
del 1996 al 1998 : Aries
1999 : Tauro
del 1/3/99 al 20/4/01 : Géminis
del 20/4/01 al 22/4/05 : Cáncer
del 22/4/05 al 2/9/07 : Leo
del 2/9/07 al 29/10/09 : Virgo

Júpiter
1912 : Sagitario
1913 : Capricornio
1914 : Acuario
1915 : Piscis
1916 : Aries
1917 : Tauro
1918 : Géminis
1919 : Cáncer
1920 : Leo
1921 : Virgo
1922 : Libra
1923 : Escorpio
1924 : Sagitario
1925 : Capricornio
1926 : Acuario
1927 : Piscis
1928 : Aries
1929 : Tauro
1930 : Géminis
1931 : Cáncer
1932 : Leo
1933 : Virgo
1934 : Libra
1935 : Escorpio
1936 : Sagitario
1937 : Capricornio
1938 : Acuario
del 14/5 : Piscis
1939 : Piscis
del 11/5 : Aries
1940 : Aries
del 16/5 : Tauro
1941 : Tauro
1942 : Géminis
1943 : Cáncer
1944 : Leo
1945 : Virgo
1946 : Libra
1947 : Escorpio
1948 : Sagitario
1949 : Acuario
1950 : Piscis
1951 : Piscis
del 21/4 : Aries
1952 : Aries
del 28/4 : Tauro
1953 : Tauro
del 9/5 : Géminis
1954 : Géminis

1955 : Cáncer
1956 : Leo
1957 : Virgo
1958 : Libra
1959 : Sagitario
del 24/4 : Escorpio
1960 : Capricornio
1961 : Acuario
1962 : Piscis
1963 : Aries
1964 : Tauro
1965 : Tauro
del 22/4 : Géminis
1966 : Géminis
del 5/5 : Cáncer
1967 : Cáncer
1968 : Leo
1969 : Virgo
1970 : Escorpio
del 30/4 : Libra
1971 : Sagitario
1972 : Capricornio
1973 : Acuario
1974 : Piscis
1975 : Aries
1976 : Tauro
1977 : Géminis
1978 : Cáncer
1979 : Leo
1980 : Virgo
1981 : Libra
1982 : Escorpio
1983 : Sagitario
1984 : Capricornio
1985 : Acuario
1986 : Piscis
1987 : Aries
1988 : Tauro
1989 : Géminis
1990 : Cáncer
1991 : Leo
1992 : Virgo
1993 : Libra
1994 : Escorpio
1995 : Sagitario
1996 : Capricornio
1997 : Acuario
1998 : Piscis
1999 : Aries
2000 : Tauro
del 1/7 : Géminis
2001 : Géminis
del 12/7 : Cáncer
2002 : Cáncer
del 1/8 : Leo
2003 : Leo
del 27/8 : Virgo
2004 : Virgo
del 25/9 : Libra
2005 : Libra
del 26/10 : Escorpio
2006 : Escorpio
del 24/11 : Sagitario
2007 : Sagitario
del 18/12 : Capricornio

GÉMINIS

Descubra aquí en qué signo se encontraban los planetas lentos el año de su nacimiento.

Plutón
del 14/6/39-10/6/58 : Leo
del 11/6/58 al 1972 : Virgo
del 1973 al 1984 : Libra
del 1985 al 1994 : Esc.
del 1995 al 2009 : Sag.
del 2009 al 2023 : Capr.

Neptuno
del 1916 al 1929 : Leo
del 1930 al 1943 : Virgo
del 1944 al 1956 : Libra
1957 Esc. del 16/6 : Libra
del 1958 al 1970 : Esc.
del 1971 al 1983 : Sag.
del 1984 al 1997 : Capr.
del 1998 al 2012 : Ac.

Urano
del 1912 al 1918 : Ac.
del 1919 al 1926 : Piscis
del 1927 al 6/6/34 : Aries
del 7/6/34 al 1941 : Tauro
del 1942 al 9/6/49 : Gém.
del 10/6/49-9/6/56 : Cáncer
del 10/6/56 al 1962 : Leo
del 1963 al 1969 : Virgo
del 1970 al 1975 : Libra
del 1976 al 1981 : Esc.
del 1982 al 1987 : Sag.
1988 Capr. del 27/5 : Sag.
del 1989 al 1994 : Capr.
1995 Ac. del 9/6 : Capr.
del 1996 al 2003 : Ac.
del 2003 al 2011 : Piscis

Saturno
del 1910 al 1912 : Tauro
del 1913 al 1914 : Gém.
del 1915 al 1917 : Cáncer
del 1918 al 1919 : Leo
del 1920 al 1921 : Virgo
del 1922 al 1924 : Libra
del 1925 al 1926 : Esc.
del 1927 al 1929 : Sag.
del 1930 al 1931 : Capr.
del 1932 al 1934 : Ac.
del 1935 al 1936 : Piscis
del 1937 al 1939 : Aries
del 1940 al 1941 : Tauro
del 1942 al 1944 : Gém.
del 1945 al 1946 : Cáncer
del 1947 al 28/5/49 : Leo
del 29/5/49 al 1951 : Virgo
del 1952 al 1953 : Libra
del 1954 al 1956 : Esc.
del 1957 al 1958 : Sag.
del 1959 al 1961 : Capr.
del 1962 al 1963 : Ac.
del 1964 al 1966 : Piscis
del 1967 al 1968 : Aries
del 1969 al 18/6/71 : Tauro
del 19/6/71 al 1973 : Gém.
del 1974 al 4/6/76 : Cáncer
del 5/6/76 al 1978 : Leo

del 1979 al 1980 : Virgo
del 1981 al 1983 : Libra
del 1984 al 1985 : Esc.
del 1986 al 1987 : Sag.
1988 Capr. del 10/6 : Sag.
del 1989 al 1990 : Capr.
del 1991 al 20/5/93 : Ac.
del 21/5/93 al 1995 : Piscis
del 1996 al 8/6/98 : Aries
del 9/6/98 al 1/3/99 : Tauro
del 1/3/99 al 20/4/01 : Géminis
del 20/4/01 al 22/4/05 : Cáncer
del 22/4/05 al 2/9/07 : Leo
del 2/9/07 al 29/10/09 : Virgo

Júpiter
1913 : Capricornio
1914 : Acuario
1915 : Piscis
1916 : Aries
1917 : Tauro
1918 : Géminis
1919 : Cáncer
1920 : Leo
1921 : Virgo
1922 : Libra
1923 : Escorpio
1924 : Sagitario
1925 : Capricornio
1926 : Acuario
1927 : Piscis
del 6/6 : Aries
1928 : Aries
del 4/6 : Tauro
1929 : Tauro
del 12/6 : Géminis
1930 : Géminis
1931 : Cáncer
1932 : Leo
1933 : Virgo
1934 : Libra
1935 : Escorpio
1936 : Sagitario
1937 : Capricornio
1938 : Piscis
1939 : Aries
1940 : Tauro
1941 : Tauro
del 26/5 : Géminis
1942 : Géminis
del 10/6 : Cáncer
1943 : Cáncer
1944 : Leo
1945 : Virgo
1946 : Libra
1947 : Escorpio
1948 : Sagitario
1949 : Acuario
1950 : Piscis
1951 : Aries
1952 : Tauro
1953 : Géminis
1954 : Géminis
del 24/5 : Cáncer
1955 : Cáncer

del 13/6 : Leo
1956 : Leo
1957 . : Virgo
1958 : Libra
1959 : Escorpio
1960 : Capricornio
del 10/6 : Sagitario
1961 : Acuario
1962 : Piscis
1963 : Aries
1964 : Tauro
1965 : Géminis
1966 : Cáncer
1967 : Cáncer
del 23/5 : Leo
1968 : Leo
del 15/6 : Virgo
1969 : Virgo
1970 : Libra
1971 : Sagitario
del 5/6 : Escorpio
1972 : Capricornio
1973 : Acuario
1974 : Piscis
1975 : Aries
1976 : Tauro
1977 : Géminis
1978 : Cáncer
1979 : Leo
1980 : Virgo
1981 : Libra
1982 : Escorpio
1983 : Sagitario
1984 : Capricornio
1985 : Acuario
1986 : Piscis
1987 : Aries
1988 : Tauro
1989 : Géminis
1990 : Cáncer
1991 : Leo
1992 : Virgo
1993 : Libra
1994 : Escorpio
1995 : Sagitario
1996 : Capricornio
1997 : Acuario
1998 : Piscis
1999 : Aries
2000 : Tauro
del 1/7 : Géminis
2001 : Géminis
del 12/7 : Cáncer
2002 : Cáncer
del 1/8 : Leo
2003 : Leo
del 27/8 : Virgo
2004 : Virgo
del 25/9 : Libra
2005 : Libra
del 26/10 : Escorpio
2006 : Escorpio
del 24/11 : Sagitario
2007 : Sagitario
del 18/12 : Capricornio

CÁNCER

Descubra aquí en qué signo se encontraban los planetas lentos el año de su nacimiento.

Plutón
del 1939 al 1957 : Leo.
del 1958 al 1972 : Virgo
del 1973 al 1984 : Libra
del 1985 al 1994 : Esc.
del 1995 al 2009 : Sag.
del 2009 al 2023 : Capr.

Neptuno
del 20/7/15 al 1929 : Leo
del 1930 al 1943 : Virgo
del 1944 al 1957 : Libra
del 1958 al 1970 : Esc.
del 1971 al 1983 : Sag.
1984: Capr. del 23/6 : Sag.
del 1985 al 1997 : Capr.
del 1998 al 2012 : Ac.

Urano
del 1912 al 1918 : Ac.
del 1919 al 1926 : Piscis
del 1927 al 1933 : Aries
del 1934 al 1941 : Tauro
del 1942 al 1948 : Gém.
del 1949 al 1955 : Cáncer
del 1956 al 1962 : Leo
del 1963 al 23/6/69 : Virgo
del 24/6/69 al 1975 : Libra
del 1976 al 1981 : Esc.
del 1982 al 1988 : Sag.
del 1989 al 1995 : Capr.
del 1996 al 2003 : Ac.
del 2003 al 2011 : Piscis

Saturno
del 1910 al 6/7/12 : Tauro
del 7/7/12 al 1914 : Gém.
del 1915 al 24/6/17 : Cáncer
del 25/6/17 al 1919 : Leo
del 1920 al 1921 : Virgo
del 1922 al 1924 : Libra
del 1925 al 1926 : Esc.
del 1927 al 1929 : Sag.
del 1930 al 1931 : Capr.
del 1932 al 1934 : Ac.
del 1935 al 1936 : Piscis
del 1937 al 5/7/39 : Aries
del 6/7/39 al 1941 : Tauro
del 1942 al 1943 : Gém.
del 1944 al 1946 : Cáncer
del 1947 al 1948 : Leo
del 1949 al 1951 : Virgo
del 1952 al 1953 : Libra
del 1954 al 1956 : Esc.
del 1957 al 1958 : Sag.
del 1959 al 1961 : Capr.
del 1962 al 1963 : Ac.
del 1964 al 1966 : Piscis
del 1967 al 1968 : Aries
del 1969 al 1970 : Tauro
del 1971 al 1973 : Gém.
del 1974 al 1975 : Cáncer
del 1976 al 1978 : Leo
del 1979 al 1980 : Virgo
del 1981 al 1983 : Libra

del 1984 al 1985 : Esc.
del 1986 al 1988 : Sag.
del 1989 al 1990 : Capr.
del 1991 al 1992 : Ac.
1993: Pisc. del 30/6 : Ac.
del 1994 al 1995 : Piscis
del 1996 al 1997 : Aries
del 1998 al 1/3/99 : Tauro
del 1/3/99 al 20/4/01 : Géminis
del 20/4/01 al 22/4/05 : Cáncer
del 22/4/05 al 2/9/07 : Leo
del 2/9/07 al 29/10/09 : Virgo

Júpiter
1911 : Escorpio
1912 : Sagitario
1913 : Capricornio
1914 : Acuario
1915 : Piscis
1916 : Aries
del 26/6 : Tauro
1917 : Tauro
del 30/6 : Géminis
1918 : Géminis
del 13/7 : Cáncer
1919 : Cáncer
1920 : Leo
1921 : Virgo
1922 : Libra
1923 : Escorpio
1924 : Sagitario
1925 : Capricornio
1926 : Acuario
1927 : Aries
1928 : Tauro
1929 : Géminis
1930 : Géminis
del 27/6 : Cáncer
1931 : Cáncer
del 17/7 : Leo
1932 : Leo
1933 : Virgo
1934 : Libra
1935 : Escorpio
1936 : Sagitario
1937 : Capricornio
1938 : Piscis
1939 : Aries
1940 : Tauro
1941 : Géminis
1942 : Cáncer
1943 : Cáncer
del 1/7 : Leo
1944 : Leo
1945 : Virgo
1946 : Libra
1947 : Escorpio
1948 : Sagitario
1949 : Acuario
del 28/6 : Capricornio
1950 : Piscis
1951 : Aries
1952 : Tauro
1953 : Géminis
1954 : Cáncer

1955 : Leo
1956 : Leo
del 18/7 : Virgo
1957 : Virgo
1958 : Libra
1959 : Escorpio
1960 : Sagitario
1961 : Acuario
1962 : Piscis
1963 : Aries
1964 : Tauro
1965 : Géminis
1966 : Cáncer
1967 : Leo
1968 : Virgo
1969 : Virgo
del 16/7 : Libra
1970 : Libra
1971 : Escorpio
1972 : Capricornio
1973 : Acuario
1974 : Piscis
1975 : Aries
1976 : Tauro
1977 : Géminis
1978 : Cáncer
1979 : Leo
1980 : Virgo
1981 : Libra
1982 : Escorpio
1983 : Sagitario
1984 : Capricornio
1985 : Acuario
1986 : Piscis
1987 : Aries
1988 : Tauro
1989 : Géminis
1990 : Cáncer
1991 : Leo
1992 : Virgo
1993 : Libra
1994 : Escorpio
1995 : Sagitario
1996 : Capricornio
1997 : Acuario
1998 : Piscis
1999 : Aries
del 28/6 : Tauro
2000 : Tauro
del 30/6 : Géminis
del 1/7 : Géminis
2001 : Géminis
del 12/7 : Cáncer
2002 : Cáncer
del 1/8 : Leo
2003 : Leo
del 27/8 : Virgo
2004 : Virgo
del 25/9 : Libra
2005 : Libra
del 26/10 : Escorpio
2006 : Escorpio
del 24/11 : Sagitario
2007 : Sagitario
del 18/12 : Capricornio

LEO

Descubra aquí en qué signo se encontraban los planetas lentos el año de su nacimiento.

Plutón
del 4/8/38-18/8/57	: Leo
del 19/8/57-30/7/72	: Virgo
del 31/7/72 al 1984	: Libra
del 1985 al 1994	: Esc.
del 1995 al 2009	: Sag.
del 2009 al 2023	: Capr.

Neptuno
del 1915 al 24/7/29	: Leo
del 25/7/29-2/8/43	: Virgo
del 3/8/43 al 5/8/57	: Libra
del 6/8/57 al 1970	: Esc.
del 1971 al 1984	: Sag.
del 1985 al 1997	: Capr.
del 1998 al 2012	: Ac.

Urano
del 1912 al 1918	: Ac.
1919: Pisc. del 17/8	: Ac.
del 1920 al 1926	: Piscis
del 1927 al 1933	: Aries
del 1934 al 7/8/41	: Tauro
del 8/8/41 al 1948	: Gém.
del 1949 al 1955	: Cáncer
del 1956 al 9/8/62	: Leo
del 10/8/62 al 1968	: Virgo
del 1969 al 1975	: Libra
del 1976 al 1981	: Esc.
del 1982 al 1988	: Sag.
del 1989 al 1995	: Capr.
del 1996 al 2003	: Ac.
del 2003 al 2011	: Piscis

Saturno
del 1910 al 1911	: Tauro
del 1912 al 1914	: Gém.
del 1915 al 1916	: Cáncer
del 1917 al 12/8/19	: Leo
del 13/8/19 al 1921	: Virgo
del 1922 al 1924	: Libra
del 1925 al 1926	: Esc.
del 1927 al 1933	: Sag.
del 1930 al 1931	: Capr.
1932: Ac. del 31/8	: Capr.
del 1933 al 1934	: Ac.
del 1935 al 1936	: Piscis
del 1937 al 1938	: Aries
del 1939 al 1941	: Tauro
del 1942 al 1943	: Gém.
del 1944 al 2/8/46	: Cáncer
del 3/8/46 al 1948	: Leo
del 1949 al 13/8/51	: Virgo
del 14/8/51 al 1953	: Libra
del 1954 al 1956	: Esc.
del 1957 al 1958	: Sag.
del 1959 al 1961	: Capr.
del 1962 al 1964	: Ac.
del 1964 al 1966	: Piscis
del 1967 al 1968	: Aries
del 1969 al 1970	: Tauro
del 1971 al 1/8/73	·: Gém.
del 2/8/73 al 1975	: Cáncer
del 1976 al 26/7/78	: Leo
del 26/7/78 al 1980	: Virgo

del 1981 al 1983	: Libra
del 1984 al 1985	: Esc.
del 1986 al 1988	: Sag.
del 1989 al 1990	: Capr.
del 1991 al 1993	: Ac.
del 1994 al 1995	: Piscis
del 1996 al 1997	: Aries
del 1998 al 1/3/1999	: Tauro
del 1/3/99 al 20/4/01	: Géminis
del 20/4/01 al 22/4/05	: Cáncer
del 22/4/05 al 2/9/07	: Leo
del 2/9/07 al 29/10/09	: Virgo

Júpiter
1911	: Escorpio
1912	: Sagitario
1913	: Capricornio
1914	: Acuario
1915	: Piscis
1916	: Tauro
1917	: Géminis
1918	: Cáncer
1919	: Cáncer
del 2/8	: Leo
1920	: Leo
1921	: Virgo
1922	: Libra
1923	: Escorpio
1924	: Sagitario
1925	: Capricornio
1926	: Acuario
1927	: Aries
1928	: Tauro
1929	: Géminis
1930	: Cáncer
1931	: Leo
1932	: Leo
del 11/8	: Virgo
1933	: Virgo
1934	: Libra
1935	: Escorpio
1936	: Sagitario
1937	: Capricornio
1938	: Piscis
del 30/7	: Acuario
1939	: Aries
1940	: Tauro
1941	: Géminis
1942	: Cáncer
1943	: Leo
1944	: Leo
del 16/7	: Virgo
1945	: Virgo
1946	: Libra
1947	: Escorpio
1948	: Sagitario
1949	: Capricornio
1950	: Piscis
1951	: Aries
1952	: Tauro
1953	: Géminis
1954	: Cáncer
1955	: Leo
1956	: Virgo
1957	: Virgo

del 7/8	: Libra
1958	: Libra
1959	: Escorpio
1960	: Sagitario
1961	: Acuario
del 12/8	: Capricornio
1962	: Piscis
1963	: Aries
1964	: Tauro
1965	: Géminis
1966	: Cáncer
1967	: Leo
1968	: Virgo
1969	: Libra
1970	: Libra
del 16/8	: Escorpio
1971	: Escorpio
1972	: Capricornio
del 25/7	: Sagitario
1973	: Acuario
1974	: Piscis
1975	: Aries
1976	: Tauro
1977	: Géminis
del 20/8	: Cáncer
1978	: Cáncer
1979	: Leo
1980	: Virgo
1981	: Libra
1982	: Escorpio
1983	: Sagitario
1984	: Capricornio
1985	: Acuario
1986	: Piscis
1987	: Aries
1988	: Géminis
1989	: Géminis
del 31/7	: Cáncer
1990	: Cáncer
del 18/8	: Leo
1991	: Leo
1992	: Virgo
1993	: Libra
1994	: Escorpio
1995	: Sagitario
1996	: Capricornio
1997	: Acuario
1998	: Piscis
1999	: Tauro
2000	: Géminis
del 1/7	: Géminis
2001	: Géminis
del 12/7	: Cáncer
2002	: Cáncer
del 1/8	: Leo
2003	: Leo
del 27/8	: Virgo
2004	: Libra
del 25/9	: Libra
2005	: Libra
del 26/10	: Escorpio
2006	: Escorpio
del 24/11	: Sagitario
2007	: Sagitario
del 18/12	: Capricornio

VIRGO

Descubra aquí en qué signo se encontraban los planetas lentos el año de su nacimiento.

Plutón
del 1938 al 1956 : Leo
del 1957 al 1971 : Virgo
del 1972 al 27/9/84 : Libra
del 28/9/84 al 1994 : Esc.
del 1995 al 2009 : Sag.
del 2009 al 2023 : Capr.

Neptuno
del 1915 al 21/9/28 : Leo
del 22/9/28 al 1942 : Virgo
del 1943 al 1956 : Libra
del 1957 al 1970 : Esc.
del 1971 al 1984 : Sag.
del 1985 al 1997 : Capr.
del 1998 al 2012 : Ac.

Urano
del 1912 al 1919 : Ac.
del 1920 al 1926 : Piscis
del 1927 al 1933 : Aries
del 1934 al 1940 : Tauro
del 1941 al 30/8/48 : Gém.
del 31/8/48 al 24/8/55 : Cáncer
del 25/8/55 al 1961 : Leo
del 1962 al 1968 : Virgo
del 1969 al 7/9/75 : Libra
del 8/9/75 al 1981 : Esc.
del 1982 al 1988 : Sag.
del 1989 al 1995 : Capr.
del 1996 al 2003 : Ac.
del 2003 al 2011 : Piscis

Saturno
del 1910 al 1911 : Tauro
del 1912 al 1913 : Gém.
del 1914 al 1916 : Cáncer
del 1917 al 1918 : Leo
del 1919 al 1921 : Virgo
del 1922 al 13/9/24 : Libra
del 14/9/24 al 1926 : Esc.
del 1927 al 1929 : Sag.
del 1930 al 1932 : Capr.
del 1933 al 1934 : Ac.
del 1935 al 1936 : Piscis
del 1937 al 1938 : Aries
del 1939 al 1941 : Tauro
del 1942 al 1943 : Gém.
del 1944 al 1945 : Cáncer
del 1946 al 18/9/48 : Leo
del 19/9/48 al 1950 : Virgo
del 1951 al 1953 : Libra
del 1954 al 1956 : Esc.
del 1957 al 1958 : Sag.
del 1959 al 1961 : Capr.
del 1962 al 1963 : Ac.
del 1964 al 1966 : Piscis
del 1967 al 1968 : Aries
del 1969 al 1970 : Tauro
del 1971 al 1972 : Gém.
del 1973 al 16/9/75 : Cáncer
del 17/9/75 al 1977 : Leo
del 1978 al 1980 : Virgo
del 1981 al 1982 : Libra
del 1983 al 1985 : Esc.

del 1986 al 1988 : Sag.
del 1989 al 1990 : Capr.
del 1991 al 1993 : Ac.
del 1994 al 1995 : Piscis
del 1996 al 1997 : Aries
del 1998 al 1999 : Tauro
del 1/3/99 al 20/4/01 : Géminis
del 20/4/01 al 22/4/05 : Cáncer
del 22/4/05 al 2/9/07 : Leo
del 2/9/07 al 29/10/09 : Virgo

Júpiter
1908 : Leo
del 12/9 : Virgo
1909 : Virgo
1910 : Libra
1911 : Escorpio
1912 : Sagitario
1913 : Capricornio
1914 : Acuario
1915 : Piscis
1916 : Tauro
1917 : Géminis
1918 : Cáncer
1919 : Leo
1920 : Leo
del 27/8 : Virgo
1921 : Virgo
1922 : Libra
1923 : Escorpio
1924 : Sagitario
1925 : Capricornio
1926 : Acuario
1927 : Aries
1928 : Tauro
1929 : Géminis
1930 : Cáncer
1931 : Leo
1932 : Virgo
1933 : Virgo
del 10/9 : Libra
1934 : Libra
1935 : Escorpio
1936 : Sagitario
1937 : Capricornio
1938 : Acuario
1939 : Aries
1940 : Tauro
1941 : Géminis
1942 : Cáncer
1943 : Leo
1944 : Virgo
1945 : Virgo
del 25/8 : Libra
1946 : Libra
1947 : Escorpio
1948 : Sagitario
1949 : Capricornio
1950 : Piscis
del 15/9 : Acuario
1951 : Aries
1952 : Tauro
1953 : Géminis
1954 : Cáncer
1955 : Leo

1956 : Virgo
1957 : Libra
1958 : Libra
del 7/9 : Escorpio
1959 : Escorpio
1960 : Sagitario
1961 : Capricornio
1962 : Piscis
1963 : Aries
1964 : Tauro
1965 : Géminis
del 21/9 : Cáncer
1966 : Cáncer
1967 : Leo
1968 : Virgo
1969 : Libra
1970 : Escorpio
1971 : Escorpio
del 12/9 : Sagitario
1972 : Sagitario
1973 : Acuario
1974 : Piscis
1975 : Aries
1976 : Géminis
1977 : Cáncer
1978 : Cáncer
del 5/9 : Leo
1979 : Leo
1980 : Virgo
1981 : Libra
1982 : Escorpio
1983 : Sagitario
1984 : Capricornio
1985 : Acuario
1986 : Piscis
1987 : Aries
1988 : Géminis
1989 : Cáncer
1990 : Leo
1991 : Leo
del 12/9 : Virgo
1992 : Virgo
1993 : Libra
1994 : Escorpio
1995 : Sagitario
1996 : Capricornio
1997 : Acuario
1998 : Piscis
1999 : Tauro
2000 : Géminis
del 1/7 : Géminis
2001 : Géminis
del 12/7 : Cáncer
2002 : Cáncer
del 1/8 : Leo
2003 : Leo
del 27/8 : Virgo
2004 : Virgo
del 25/9 : Libra
2005 : Libra
del 26/10 : Escorpio
2006 : Escorpio
del 24/11 : Sagitario
2007 : Sagitario
del 18/12 : Capricornio

92

LIBRA

Descubra aquí en qué signo se encontraban los planetas lentos el año de su nacimiento.

Plutón
del 1913 al 6/10/37	: Cáncer
del 7/10/37 al 19/10/56	: Leo
del 20/10/56 al 4/10/71	: Virgo
5/10/71 al 1983	: Libra
del 1984 al 1994	: Esc.
del 1995 al 2009	: Sag.
del 2009 al 2023	: Capr.

Neptuno
del 1914 al 1927	: Leo
del 1928 al 3/10/42	: Virgo
4/10/42 al 18/10/56	: Libra
del 19/10/56 al 1970	: Esc.
del 1971 al 1984	: Sag.
del 1985 al 1997	: Capr.
del 1998 al 2012	: Ac.

Urano
del 1913 al 1919	: Ac.
del 1920 al 1926	: Piscis
del 1927 al 1933	: Aries
1934: Tauro del 10/10	: Aries
del 1935 al 1940	: Tauro
1941: Gé. del 5/10	: Tauro
del 1942 al 1947	: Gém.
del 1948 al 1954	: Cáncer
del 1955 al 1961	: Leo
del 1962 al 28/9/68	: Virgo
del 29/9/68 al 1974	: Libra
del 1975 al 1981	: Esc.
del 1982 al 1988	: Sag.
del 1989 al 1995	: Capr.
del 1996 al 2003	: Ac.
del 2003 al 2011	: Piscis

Saturno
del 1910 al 1911	: Tauro
del 1912 al 1913	: Gém.
del 1914 al 17/10/16	: Cáncer
del 18/10/16 al 1918	: Leo
del 1919 al 7/10/21	: Virgo
del 8/10/21 al 1923	: Libra
del 1924 al 1926	: Esc.
del 1927 al 1929	: Sag.
del 1930 al 1932	: Capr.
del 1933 al 1934	: Ac.
del 1935 al 1936	: Piscis
1937: Aries del 18/10	: Piscis
del 1938 al 1939	: Aries
del 1940 al 1941	: Tauro
del 1942 al 1943	: Gém.
del 1944 al 1945	: Cáncer
del 1946 al 1947	: Leo
del 1948 al 1950	: Virgo
del 1951 al 1953	: Libra
del 1954 al 10/10/56	: Esc.
del 11/10/56 al 1958	: Sag.
del 1959 al 1961	: Capr.
del 1962 al 1964	: Ac.
del 1965 al 1966	: Piscis
del 1967 al 1968	: Aries
del 1969 al 1970	: Tauro
del 1971 al 1972	: Gém.
del 1973 al 1974	: Cáncer

del 1975 al 1977	: Leo
del 1978 al 1979	: Virgo
del 1980 al 1982	: Libra
del 1983 al 1985	: Esc.
del 1986 al 1988	: Sag.
del 1989 al 1990	: Capr.
del 1991 al 1993	: Ac.
del 1994 al 1995	: Piscis
del 1996 al 1997	: Aries
del 1998 al 1/3/99	: Tauro
del 1/3/99 al 20/4/01	: Gém.
del 20/4/01 al 22/4/05	: Cáncer
del 22/4/05 al 2/9/07	: Leo
del 2/9/07 al 29/10/09	: Virgo

Júpiter
1911	: Escorpio
1912	: Sagitario
1913	: Capricornio
1914	: Acuario
1915	: Piscis
1916	: Tauro
1917	: Géminis
1918	: Cáncer
1919	: Leo
1920	: Virgo
1921	: Virgo
del 26/9	: Libra
1922	: Libra
1923	: Escorpio
1924	: Sagitario
1925	: Capricornio
1926	: Acuario
1927	: Piscis
1928	: Tauro
1929	: Géminis
1930	: Cáncer
1931	: Leo
1932	: Virgo
1933	: Libra
1934	: Libra
del 11/10	: Escorpio
1935	: Escorpio
1936	: Sagitario
1937	: Capricornio
1938	: Acuario
1939	: Aries
1940	: Tauro
1941	: Géminis
1942	: Cáncer
1943	: Leo
1944	: Virgo
1945	: Libra
1946	: Libra
del 25/9	: Escorpio
1947	: Escorpio
1948	: Sagitario
1949	: Capricornio
1950	: Acuario
1951	: Aries
1952	: Tauro
1953	: Géminis
1954	: Cáncer
1955	: Leo
1956	: Virgo

1957	: Libra
1958	: Escorpio
1959	: Escorpio
del 5/10	: Sagitario
1960	: Sagitario
1961	: Capricornio
1962	: Piscis
1963	: Aries
1964	: Tauro
1965	: Cáncer
1966	: Cáncer
del 27/9	: Leo
1967	: Leo
del 19/10	: Virgo
1968	: Virgo
1969	: Libra
1970	: Escorpio
1971	: Sagitario
1972	: Sagitario
del 26/9	: Capricornio
1973	: Acuario
1974	: Piscis
1975	: Aries
1976	: Géminis
1977	: Cáncer
1978	: Leo
1979	: Leo
del 29/9	: Virgo
1980	: Virgo
1981	: Libra
1982	: Escorpio
1983	: Sagitario
1984	: Capricornio
1985	: Acuario
1986	: Piscis
1987	: Aries
1988	: Géminis
1989	: Cáncer
1990	: Leo
1991	: Virgo
1992	: Virgo
del 10/10	: Libra
1993	: Libra
1994	: Escorpio
1995	: Sagitario
1996	: Capricornio
1997	: Acuario
1998	: Piscis
1999	: Tauro
2000	: Géminis
del 1/7	: Géminis
2001	: Géminis
del 12/7	: Cáncer
2002	: Cáncer
del 1/8	: Leo
2003	: Leo
del 27/8	: Virgo
2004	: Virgo
del 25/9	: Libra
2005	: Libra
del 26/10	: Escorpio
2006	: Escorpio
del 24/11	: Sagitario
2007	: Sagitario
del 18/12	: Capricornio

93

ESCORPIO

Descubra aquí en qué signo se encontraban los planetas lentos el año de su nacimiento.

Plutón
del 1937 al 1955 : Leo
del 1956 al 1970 : Virgo
del 1971 al 5/11/83 : Libra
del 6/11/83 al 9/11/95 : Esc.
del 10/11/95 al 2009 : Sag.
del 2009 al 2023 : Capr.

Neptuno
del 1914 al 1927 : Leo
del 1928 al 1941 : Virgo
del 1942 al 1955 : Libra
del 1956 al 6/11/70 : Esc.
del 7/11/70 al 20/11/84 : Sag.
del 21/11/84 al 1998 : Capr.
del 1999 al 2012 : Ac.

Urano
del 12/11/12 al 1919 : Ac.
del 1920 al 1926 : Piscis
1927: Aries del 4/11 : Piscis
del 1928 al 1934 : Aries
del 1935 al 1941 : Tauro
del 1942 al 1947 : Gém.
1948: Cán. del 21/11 : Gém.
del 1949 al 1954 : Cáncer
del 1955 al 1/11/61 : Leo
del 2/11/61 al 1967 : Virgo
del 1968 al 20/11/74 : Libra
del 21/11/74 al 16/11/81 : Esc.
del 16/11/81 al 1988 : Sag.
del 1989 al 1995 : Capr.
del 1996 al 2003 : Ac.
del 2003 al 2011 : Piscis

Saturno
del 1910 al 1911 : Tauro
del 1912 al 1913 : Gém.
del 1914 al 1915 : Cáncer
del 1916 al 1918 : Leo
del 1919 al 1920 : Virgo
del 1921 al 1923 : Libra
del 1924 al 1926 : Esc.
del 1927 al 1929 : Sag.
del 1930 al 19/11/32 : Capr.
del 20/11/32 al 1934 : Ac.
del 1935 al 1937 : Piscis
del 1938 al 1939 : Aries
del 1940 al 1941 : Tauro
del 1942 al 1943 : Gém.
del 1944 al 1945 : Cáncer
del 1946 al 1947 : Leo
del 1948 al 20/11/50 : Virgo
del 21/11/50 al 1952 : Libra
del 1953 al 1955 : Esc.
del 1956 al 1958 : Sag.
del 1959 al 1961 : Capr.
del 1962 al 1964 : Ac.
del 1965 al 1966 : Piscis
del 1967 al 1968 : Aries
del 1969 al 1970 : Tauro
del 1971 al 1972 : Gém.
del 1973 al 1974 : Cáncer
del 1975 al 16/11/77 : Leo
del 17/11/77 al 1979 : Virgo

del 1980 al 1982 : Libra
del 1983 al 16/11/85 : Esc.
del 17/11/85 al 11/11/88 : Sag.
del 12/11/88 al 1990 : Capr.
del 1991 al 1993 : Ac.
del 1994 al 1995 : Piscis
del 1996 al 1997 : Aries
1998: Tauro del 26/10 : Aries
1999 : Tauro
del 1/3/99 al 20/4/01 : Gém.
del 20/4/01 al 22/4/05 : Cáncer
del 22/4/05 al 2/9/07 : Leo
del 2/9/07 al 29/10/09 : Virgo

Júpiter
1913 : Capricornio
1914 : Acuario
1915 : Piscis
1916 : Tauro
del 27/10 : Aries
1917 : Géminis
1918 : Cáncer
1919 : Leo
1920 : Virgo
1921 : Libra
1922 : Libra
del 27/10 : Escorpio
1923 : Escorpio
1924 : Sagitario
1925 : Capricornio
1926 : Acuario
1927 : Piscis
1928 : Tauro
1929 : Géminis
1930 : Cáncer
1931 : Leo
1932 : Virgo
1933 : Libra
1934 : Escorpio
1935 : Escorpio
del 9/11 : Sagitario
1936 : Sagitario
1937 : Capricornio
1938 : Acuario
1939 : Aries
del 30/10 : Piscis
1940 : Tauro
1941 : Géminis
1942 : Cáncer
1943 : Leo
1944 : Virgo
1945 : Libra
1946 : Escorpio
1947 : Escorpio
1948 : Sagitario
del 15/11 : Capricornio
1949 : Capricornio
1950 : Acuario
1951 : Aries
1952 : Tauro
1953 : Géminis
1954 : Cáncer
1955 : Leo
del 17/11 : Virgo
1956 : Virgo

1957 : Libra
1958 : Escorpio
1959 : Sagitario
1960 : Sagitario
del 26/10 : Capricornio
1961 : Capricornio
del 4/11 : Acuario
1962 : Piscis
1963 : Aries
1964 : Tauro
1965 : Cáncer
del 17/11 : Géminis
1966 : Leo
1967 : Virgo
1968 : Virgo
del 16/11 : Libra
1969 : Libra
1970 : Escorpio
1971 : Sagitario
1972 : Capricornio
1973 : Acuario
1974 : Piscis
1975 : Aries
1976 : Tauro
1977 : Cáncer
1978 : Leo
1979 : Virgo
1980 : Virgo
del 27/10 : Libra
1981 : Libra
1982 : Escorpio
1983 : Sagitario
1984 : Capricornio
1985 : Acuario
1986 : Piscis
1987 : Aries
1988 : Géminis
1989 : Cáncer
1990 : Leo
1991 : Virgo
1992 : Libra
1993 : Libra
del 10/11 : Escorpio
1994 : Escorpio
1995 : Sagitario
1996 : Capricornio
1997 : Acuario
1998 : Piscis
1999 : Aries
2000 : Géminis
del 1/7 : Géminis
2001 : Cáncer
del 12/7 : Cáncer
2002 : Cáncer
del 1/8 : Leo
2003 : Leo
del 27/8 : Virgo
2004 : Virgo
del 25/9 : Libra
2005 : Libra
del 26/10 : Escorpio
2006 : Escorpio
del 24/11 : Sagitario
2007 : Sagitario
del 18/12 : Capricornio

SAGITARIO
Descubra aquí en qué signo se encontraban los planetas lentos el año de su nacimiento.

Plutón
1937: Leo del 25/11 : Cáncer
del 1938 al 1955 : Leo
del 1956 al 1970 : Virgo
del 1971 al 1982 : Libra
del 1983 al 1994 : Esc.
del 1995 al 2009 : Sag.
del 2009 al 2023 : Capr.

Neptuno
1914: Leo del 15/12 : Cáncer
del 1915 al 1927 : Leo
del 1928 al 1941 : Virgo
del 1942 al 1955 : Libra
del 1956 al 1969 : Esc.
del 1970 al 1983 : Sag.
del 1984 al 27/11/98 : Capr.
del 28/11/98 al 2012 : Ac.

Urano
del 1912 al 1919 : Ac.
del 1920 al 1927 : Piscis
del 1928 al 1934 : Aries
del 1935 al 1941 : Tauro
del 1942 al 1948 : Gém.
del 1949 al 1954 : Cáncer
del 1955 al 1960 : Leo
del 1961 al 1967 : Virgo
del 1968 al 1973 : Libra
del 1974 al 1980 : Esc.
del 1981 al 2/12/88 : Sag.
del 3/12/88 al 1995 : Capr.
del 1996 al 2003 : Ac.
del 2003 al 2011 : Piscis

Saturno
1910 : Tauro del 15/12 : Aries
1911 : Tauro
1912 : Gém. del 1/12 : Tauro
1913 : Géminis
1914: Cánc. del 7/12 : Gém.
1915 : Cáncer
1916: Leo del 8/12 : Cáncer
del 1917 al 1918 : Leo
del 1919 al 1920 : Virgo
del 1921 al 19/12/23 : Libra
del 20/12/23 al 2/12/26: Esc.
del 3/12/26 al 30/11/29: Sag.
del 1/12/29 al 1931 : Capr.
del 1932 al 1934 : Ac.
del 1935 al 1937 : Piscis
del 1938 al 1939 : Aries
del 1940 al 1941 : Tauro
del 1942 al 1943 : Gém.
del 1944 al 1945 : Cáncer
del 1946 al 1947 : Leo
del 1948 al 1949 : Virgo
del 1950 al 1952 : Libra
del 1953 al 1955 : Esc.
del 1956 al 1958 : Sag.
del 1959 al 1961 : Capr.
del 1962 al 15/12/64 : Ac.
del 16/12/64 al 1966 : Piscis
del 1967 al 1968 : Aries
del 1969 al 1970 : Tauro

del 1971 al 1972 : Gém.
del 1973 al 1974 : Cáncer
del 1975 al 1976 : Leo
del 1977 al 1979 : Virgo
del 1980 al 28/11/82 : Libra
del 29/11/82 al 1984 : Esc.
del 1985 al 1987 : Sag.
del 1988 al 1990 : Capr.
del 1991 al 1993 : Ac.
del 1994 al 1995 : Piscis
del 1996 al 1998 : Aries
1999 : Tauro
del 1/3/99 al 20/4/01 : Gém.
del 20/4/01 al 22/4/05 : Cáncer
del 22/4/05 al 2/9/07 : Leo
del 2/9/07 al 29/10/09 : Virgo

Júpiter
1914 : Acuario
1915 : Piscis
1916 : Aries
1917 : Géminis
1918 : Cáncer
1919 : Leo
1920 : Virgo
1921 : Libra
1922 : Escorpio
1923 : Escorpio
del 25/11 : Sagitario
1924 : Sagitario
del 18/12 : Capricornio
1925 : Capricornio
1926 : Acuario
1927 : Piscis
1928 : Tauro
1929 : Géminis
1930 : Cáncer
1931 : Leo
1932 : Virgo
1933 : Libra
1934 : Escorpio
1935 : Sagitario
1936 : Sagitario
del 2/12 : Capricornio
1937 : Capricornio
1938 : Acuario
1939 : Piscis
1940 : Tauro
1941 : Géminis
1942 : Cáncer
1943 : Leo
1944 : Virgo
1945 : Libra
1946 : Escorpio
1947 : Sagitario
1948 : Capricornio
1949 : Capricornio
del 1/12 : Acuario
1950 : Acuario
del 2/12 : Piscis
1951 : Aries
1952 : Tauro
1953 : Géminis
1954 : Cáncer
1955 : Virgo

1956 : Virgo
del 13/12 : Libra
1957 : Libra
1958 : Escorpio
1959 : Sagitario
1960 : Capricornio
1961 : Acuario
1962 : Piscis
1963 : Aries
1964 : Tauro
1965 : Géminis
1966 : Leo
1967 : Virgo
1968 : Libra
1969 : Libra
del 17/12 : Escorpio
1970 : Escorpio
1971 : Sagitario
1972 : Capricornio
1973 : Acuario
1974 : Piscis
1975 : Aries
1976 : Tauro
1977 : Cáncer
1978 : Leo
1979 : Virgo
1980 : Libra
1981 : Libra
del 27/11 : Escorpio
1982 : Escorpio
1983 : Sagitario
1984 : Capricornio
1985 : Acuario
1986 : Piscis
1987 : Aries
1988 : Géminis
del 1/12 : Tauro
1989 : Cáncer
1990 : Leo
1991 : Virgo
1992 : Libra
1993 : Escorpio
1994 : Escorpio
del 9/12 : Sagitario
1995 : Sagitario
1996 : Capricornio
1997 : Acuario
1998 : Piscis
1999 : Aries
2000 : Géminis
del 1/7 : Géminis
2001 : Géminis
del 12/7 : Cáncer
2002 : Cáncer
del 1/8 : Leo
2003 : Leo
del 27/8 : Virgo
2004 : Virgo
del 25/9 : Libra
2005 : Libra
del 26/10 : Escorpio
2006 : Escorpio
del 24/11 : Sagitario
2007 : Sagitario
del 18/12 : Capricornio

CAPRICORNIO

Descubra aquí en qué signo se encontraban los planetas lentos el año de su nacimiento.

Plutón
dic.1938-en.1956	: Leo
dic.1956-14/1/57	: Virgo
del 15/1/57	: Leo
dic.1957-en.1971	: Virgo
dic.1971-en.1983	: Libra
dic.1983-16/1/95	: Esc.
17/1/95-dic.2009	: Sag.
del 2009 al 2023	: Capr.

Neptuno
dic.1915-en.1928	: Leo
dic.1928-en.1942	: Virgo
dic.1942-24/12/55	: Libra
25/12/55-4/1/70	: Esc.
5/1/70-en.1984	: Sag.
dic.1984-en.1998	: Capr.
dic.1998-dic.2012	: Ac.

Urano
dic.1912-en.1920	: Ac.
dic.1920-12/1/28	: Piscis
13/1/28-en.1935	: Aries
dic.1935-en.1942	: Tauro
dic.1942-3n.1949	: Gém.
dic.1949-en.1955	: Cáncer
dic.1955-en.1961	: Leo
dic.1961-9/1/62	: Virgo
del 10/1/62	: Virgo
dic.1962-en.1968	: Virgo
dic.1968-en.1974	: Libra
dic.1974-en.1981	: Esc.
dic.1981-en.1988	: Sag.
dic.1988-11/1/96	: Capr.
12/1/96-dic.2003	: Ac.
del 2003 al 2011	: Piscis

Saturno
dic.1911-en.1913	: Tauro
dic.1913-en.1915	: Gém.
dic.1915-en.1917	: Cáncer
dic.1917-en.1919	: Leo
dic.1919-en.1921	: Virgo
dic.1921-en.1923	: Libra
dic.1923-en.1926	: Esc.
dic.1926-en.1929	: Sag.
dic.1929-en.1932	: Capr.
dic.1932-en.1935	: Ac.
dic.1935-13/1/38	: Piscis
14/1/38-en.1940	: Aries
dic.1940-en.1942	: Tauro
dic.1942-en.1944	: Gém.
dic.1944-en.1946	: Cáncer
dic.1946-en.1948	: Leo
dic.1948-en.1950	: Virgo
dic.1950.en.1953	: Libra
dic.1953.12/1/56	: Esc.
13/1/56-5/1/59	: Sag.
6/1/59-3/1/62	: Capr.
4/1/62-en.1964	: Ac.
dic.1964-en.1966	: Piscis
dic.1967-en.1969	: Aries
dic.1969-en.1971	: Tauro
dic.1971-9/1/72	: Gém.
del 10/1/72	: Tauro

dic.1972-en.1973	: Gém.
dic.1973-7/1/74	: Cáncer
del 8/1/74	: Gém.
dic.1974-en.1975	: Cáncer
dic.1975-14/1/76	: Leo
del 14/1/76	: Cáncer
dic.1976-en.1977	: Leo
dic.1977-4/1/78	: Virgo
del 5/1/78	: Leo
dic.1978-en.1980	: Virgo
dic.1980-en.1982	: Libra
dic.1982-en.1985	: Esc.
dic.1985-en.1988	: Sag.
dic.1988-en.1991	: Capr.
dic.1991-en.1994	: Ac.
dic.1994-en.1996	: Piscis
dic.1996-en.1999	: Aries
del 1/2/99-20/4/01	: Gém.
del 20/4/01-22/4/05	: Cáncer
del 22/4/05 al 2/9/07	: Leo
del 2/9/07 al 29/10/09	: Virgo

Júpiter
dic.1906-en.1907	: Cáncer
dic.1907-en.1908	: Leo
dic.1908-en.1909	: Virgo
dic.1909-en.1910	: Libra
dic.1910-en.1911	: Esc.
dic.1911-2/1/13	: Sag.
3/1/13-en.1914	: Capr.
dic.1914-en.1915	: Ac.
dic.1915-en.1916	: Piscis
dic.1916-en.1917	: Aries
dic.1917-en.1918	: Gém.
dic.1918-en.1919	: Cáncer
dic.1919-en.1920	: Leo
dic.1920-en.1921	: Virgo
dic.1921-en.1922	: Libra
dic.1922-en.1923	: Esc.
dic.1923-en.1924	: Sag.
dic. 1925 ?????	
dic.5-1-1926	: Capr.
6/1/26-17/1/27	: Ac.
18/1/27-en.1928	: Piscis
dic.1928-en.1929	: Tauro
dic.1929-en.1930	: Gém.
dic.1930-en.1931	: Cáncer
dic.1931-en.1932	: Leo
dic.1932-en.1933	: Virgo
dic.1933-en.1934	: Libra
dic.1934-en.1935	: Esc.
dic.1935-en.1936	: Sag.
dic.1936-en.1937	: Capr.
dic.1937-29/12/38	: Ac.
30/12/38-en.1939	: Piscis
dic.1939-en.1940	: Aries
dic.1940-en.1941	: Tauro
dic.1941-en.1942	: Gém.
dic.1942-en.1943	: Cáncer
dic.1943-en.1944	: Leo
dic.1944-en.1945	: Virgo
dic.1945-en.1946	: Libra
dic.1946-en.1947	: Esc.
dic.1947-en.1948	: Sag.
dic.1948-en.1949	: Capr.

dic.1949-en.1950	: Ac.
dic.1950-en.1951	: Piscis
dic.1951-en.1952	: Aries
dic.1952-en.1953	: Tauro
dic.1953-en.1954	: Gém.
dic.1954-en.1955	: Cáncer
dic.1955-17/1/56	: Virgo
del 18/1/56	: Leo
dic.1956-13/1/58	: Libra
14/1/58-en.1959	: Esc.
dic.1959-en.1960	: Sag.
dic.1960-en.1961	: Capr.
dic.1961-en.1962	: Ac.
dic.1962-en.1963	: Piscis
dic.1963-en.1964	: Aries
dic.1964-en.1965	: Tauro
dic.1965-en.1966	: Gém.
dic.1966-15/1/67	: Leo
del 16/1/67	: Cáncer
dic.1967-en.1968	: Virgo
dic.1968-en.1969	: Libra
dic.1969-13/1/71	: Esc.
14/1/71-en.1972	: Sag.
dic.1972-en.1973	: Capr.
dic.1973-en.1974	: Ac.
dic.1974-en.1975	: Piscis
dic.1975-en.1976	: Aries
dic.1976-en.1977	: Tauro
dic.1977	: Cáncer
31/12/77-en.1978	: Gém.
dic.1978-en.1979	: Leo
dic.1979-en.1980	: Virgo
dic.1980-en.1981	: Libra
dic.1980-25/12/82	: Esc.
26/12/82-en.1984	: Sag.
dic.1984-en.1985	: Capr.
dic.1985-en.1986	: Ac.
dic.1986-en.1987	: Piscis
dic.1987-en.1988	: Aries
dic.1988-en.1989	: Tauro
dic.1989-en.1990	: Cáncer
dic.1990-en.1991	: Leo
dic.1991-en.1992	: Virgo
dic.1992-en.1993	: Libra
dic.1993-en.1994	: Esc.
dic.1994-2/1/96	: Sag.
3/1/96-en.1997	: Capr.
dic.1997-en.1998	: Ac.
dic.1998-en.1999	: Piscis
dic.1999-en.2000	: Aries
dic.2000	: Gém.
2001	: Gém.
del 12/7	: Cáncer
2002	: Cáncer
del 1/8	: Leo
2003	: Leo
del 27/8	: Virgo
2004	: Virgo
del 25/9	: Libra
2005	: Libra
del 26/10	: Esc.
2006	: Esc.
del 24/11	: Sag.
2007	: Sag.
del 18/12	: Capr.

ACUARIO
Descubra aquí en qué signo se encontraban los planetas lentos el año de su nacimiento.

Plutón
1939: Leo del 7/2	: Cáncer
del 1940 al 1957	: Leo
del 1958 al 1971	: Virgo
del 1972 al 1983	: Libra
del 1984 al 1994	: Esc.
del 1995 al 2009	: Sag.
del 2009 al 2023	: Capr.

Neptuno
del 1916 al 1928	: Leo
del 1929 al 1942	: Virgo
del 1943 al 1955	: Libra
del 1956 al 1969	: Esc.
del 1970 al 1983	: Sag.
del 1984 al 28/1/98	: Capr.
del 29/1/98 al 2012	: Ac.

Urano
del 31/1/12 al 22/1/20	: Ac.
del 23/1/20 al 1927	: Piscis
del 1928 al 1935	: Aries
del 1936 al 1942	: Tauro
del 1943 al 1949	: Gém.
del 1950 al 1955	: Cáncer
1956: Leo del 28/1	: Cáncer
del 1957 al 1962	: Leo
del 1963 al 1968	: Virgo
del 1969 al 1974	: Libra
del 1975 al 1981	: Esc.
del 1982 al 14/2/88	: Sag.
del 15/2/88 al 1995	: Capr.
del 1996 al 2003	: Ac.
del 2003 al 2011	: Piscis

Saturno
del 1911 al 1913	: Tauro
del 1914 al 1915	: Gém.
del 1916 al 1917	: Cánc.
del 1918 al 1919	: Leo
del 1920 al 1921	: Virgo
del 1922 al 1923	: Libra
del 1924 al 1926	: Esc.
del 1927 al 1929	: Sag.
del 1930 al 1932	: Capr.
del 1933 al 14/2/35	: Ac.
del 15/2/35 al 1937	: Piscis
del 1938 al 1940	: Aries
del 1941 al 1942	: Tauro
del 1943 al 1944	: Gém.
del 1945 al 1946	: Cáncer
del 1947 al 1948	: Leo
del 1949 al 1950	: Virgo
del 1951 al 1953	: Libra
del 1954 al 1955	: Esc.
del 1956 al 1958	: Sag.
del 1959 al 1961	: Capr.
del 1962 al 1964	: Ac.
del 1965 al 1967	: Piscis
del 1968 al 1969	: Aries
del 1970 al 1972	: Tauro
del 1973 al 1974	: Gém.
del 1975 al 1976	: Cáncer
del 1977 al 1978	: Leo
del 1979 al 1980	: Virgo

del 1981 al 1982	: Libra
del 1983 al 1985	: Esc.
del 1986 al 13/2/88	: Sag.
del 14/2/88 al 6/2/91	: Capr.
del 7/2/91 al 28/1/94	: Ac.
del 29/1/94 al 1996	: Piscis
del 1997 al 1999	: Aries
del 1/3/99 al 20/4/01	: Gém.
del 20/4/01 al 22/4/05	: Cáncer
del 22/4/05 al 2/9/07	: Leo
del 2/9/07 al 29/10/09	: Virgo

Júpiter
1910	: Libra
1911	: Escorpio
1912	: Sagitario
1913	: Capricornio
1914	: Capricornio
del 22/1	: Acuario
1915	: Acuario
del 4/2	: Piscis
1916	: Piscis
del 12/2	: Aries
1917	: Aries
del 13/2	: Tauro
1918	: Géminis
1919	: Cáncer
1920	: Leo
1921	: Virgo
1922	: Libra
1923	: Escorpio
1924	: Sagitario
1925	: Capricornio
1926	: Acuario
1927	: Piscis
1928	: Piscis
del 23/1	: Aries
1929	: Tauro
1930	: Géminis
1931	: Cáncer
1932	: Leo
1933	: Virgo
1934	: Libra
1935	: Escorpio
1936	: Sagitario
1937	: Capricornio
1938	: Acuario
1939	: Piscis
1940	: Aries
1941	: Tauro
1942	: Géminis
1943	: Cáncer
1944	: Leo
1945	: Virgo
1946	: Libra
1947	: Escorpio
1948	: Sagitario
1949	: Capricornio
1950	: Acuario
1951	: Piscis
1952	: Aries
1953	: Tauro
1954	: Géminis
1955	: Cáncer
1956	: Leo

1957	: Libra
1958	: Escorpio
1959	: Escorpio
del 10/2	: Sagitario
1960	: Sagitario
1961	: Capricornio
1962	: Acuario
1963	: Piscis
1964	: Aries
1965	: Tauro
1966	: Géminis
1967	: Cáncer
1968	: Virgo
1969	: Libra
1970	: Escorpio
1971	: Sagitario
1972	: Sagitario
del 7/2	: Capricornio
1973	: Capricornio
1974	: Acuario
1975	: Piscis
1976	: Aries
1977	: Tauro
1978	: Géminis
1979	: Leo
1980	: Virgo
1981	: Libra
1982	: Escorpio
1983	: Sagitario
1984	: Capricornio
1985	: Capricornio
del 7/2	: Acuario
1986	: Acuario
1987	: Piscis
1988	: Aries
1989	: Tauro
1990	: Cáncer
1991	: Leo
1992	: Virgo
1993	: Libra
1994	: Escorpio
1995	: Sagitario
1996	: Capricornio
1997	: Capricornio
del 22/1	: Acuario
1998	: Acuario
del 4/2	: Piscis
1999	: Piscis
del 13/2	: Aries
2000	: Aries
del 1/7	: Géminis
2001	: Géminis
del 12/7	: Cáncer
2002	: Cáncer
del 1/8	: Leo
2003	: Leo
del 27/8	: Virgo
2004	: Virgo
del 25/9	: Libra
2005	: Libra
del 26/10	: Escorpio
2006	: Escorpio
del 24/11	: Sagitario
2007	: Sagitario
del 18/12	: Capricornio

PISCIS

Descubra aquí en qué signo se encontraban los planetas lentos el año de su nacimiento.

Plutón
del 1940 al 1957	: Leo
del 1958 al 1971	: Virgo
del 1972 al 1983	: Libra
del 1984 al 1994	: Esc.
del 1995 al 2009	: Sag.
del 2009 al 2023	: Capr.

Neptuno
del 1916 al 1929	: Leo
del 1930 al 1942	: Virgo
del 1943 al 1955	: Libra
1956: Esc. del 1273	
del 1957 al 1969	: Esc.
del 1970 al 1983	: Sag.
del 1984 al 1997	: Capr.
del 1998 al 2012	: Ac.

Urano
del 1912 al 1919	: Ac.
del 1920 al 1927	: Piscis
del 1928 al 1935	: Aries
del 1936 al 1942	: Tauro
del 1943 al 1949	: Gém.
del 1950 al 1956	: Cáncer
del 1957 al 1962	: Leo
del 1963 al 1968	: Virgo
del 1969 al 1974	: Libra
del 1975 al 1980	: Esc.
del 1981 al 1987	: Sag.
del 1988 al 1995	: Capr.
del 1996 al 2003	: Ac.
del 2003 al 2011	: Piscis

Saturno
del 1911 al 1913	: Tauro
del 1914 al 1915	: Gém.
del 1916 al 1917	: Cáncer
del 1918 al 1919	: Leo
del 1920 al 1921	: Virgo
del 1922 al 1923	: Libra
del 1924 al 1926	: Esc.
del 1927 al 15/3/29	: Sag.
del 16/3/29 al 23/2/32	: Capr.
del 24/2/32 al 1934	: Ac.
del 1935 al 1937	: Piscis
del 1938 al 1940	: Aries
del 1941 al 1942	: Tauro
del 1943 al 1944	: Gém.
del 1945 al 1946	: Cáncer
del 1947 al 1948	: Leo
del 1949 al 1950	: Virgo
1951: Lib. del 7/3	
del 1952 al 1953	: Libra
del 1954 al 1955	: Esc.
del 1956 al 1958	: Sag.
del 1959 al 1961	: Capr.
del 1962 al 1964	: Ac.
del 1965 al 3/3/67	: Piscis
del 4/3/67 al 1969	: Aries
del 1970 al 21/2/72	: Tauro
del 22/2/72 al 1974	: Gém.
del 1975 al 1976	: Cáncer
del 1977 al 1978	: Leo
del 1979 al 1980	: Virgo

del 1981 al 1982	: Libra
del 1983 al 1985	: Esc.
del 1986 al 1987	: Sag.
del 1988 al 1990	: Capr.
del 1991 al 1993	: Ac.
del 1994 al 1996	: Piscis
del 1997 al 28/2/99	: Aries
del 1/3/99 al 20/4/01	: Gém.
del 20/4/01 al 22/4/05	: Cáncer
del 22/4/05 al 2/9/07	: Leo
del 2/9/07 al 29/10/09	: Virgo

Júpiter
1909	: Virgo
1910	: Libra
1911	: Escorpio
1912	: Sagitario
1913	: Capricornio
1914	: Acuario
1915	: Piscis
1916	: Aries
1917	: Tauro
1918	: Géminis
1919	: Cáncer
1920	: Leo
1921	: Virgo
1922	: Libra
1923	: Escorpio
1924	: Sagitario
1925	: Capricornio
1926	: Acuario
1927	: Piscis
1928	: Aries
1929	: Tauro
1930	: Géminis
1931	: Cáncer
1932	: Leo
1933	: Virgo
1934	: Libra
1935	: Escorpio
1936	: Sagitario
1937	: Capricornio
1938	: Acuario
1939	: Piscis
1940	: Aries
1941	: Tauro
1942	: Géminis
1943	: Cáncer
1944	: Leo
1945	: Virgo
1946	: Libra
1947	: Escorpio
1948	: Sagitario
1949	: Capricornio
1950	: Acuario
1951	: Piscis
1952	: Aries
1953	: Tauro
1954	: Géminis
1955	: Cáncer
1956	: Leo
1957	: Virgo
1958	: Escorpio
1959	: Sagitario
1960	: Sagitario

del 1/3	: Capricornio
1961	: Capricornio
del 15/3	: Acuario
1962	: Acuario
1963	: Piscis
1964	: Aries
1965	: Tauro
1966	: Géminis
1967	: Cáncer
del 27/2	: Leo
1969	: Libra
1970	: Escorpio
1971	: Sagitario
1972	: Capricornio
1973	: Capricornio
del 23/2	: Acuario
1974	: Acuario
del 8/3	: Piscis
1975	: Piscis
del 19/3	: Aries
1976	: Aries
1977	: Tauro
1978	: Géminis
1979	: Leo
del 1/3	: Cáncer
1980	: Virgo
1981	: Libra
1982	: Escorpio
1983	: Sagitario
1984	: Capricornio
1985	: Acuario
1986	: Acuario
del 21/2	: Piscis
1987	: Piscis
del 3/3	: Aries
1988	: Aries
del 9/3	: Tauro
1989	: Tauro
del 11/3	: Géminis
1990	: Cáncer
1992	: Virgo
1993	: Libra
1994	: Escorpio
1995	: Sagitario
1996	: Capricornio
1997	: Acuario
1998	: Piscis
1999	: Aries
2000	: Tauro
del 1/7	: Géminis
2001	: Géminis
del 12/7	: Cáncer
2002	: Cáncer
del 1/8	: Leo
2003	: Leo
del 27/8	: Virgo
2004	: Virgo
del 25/9	: Libra
2005	: Libra
del 26/10	: Escorpio
2006	: Escorpio
del 24/11	: Sagitario
2007	: Sagitario
del 18/12	: Capricornio

Aspectos planetarios

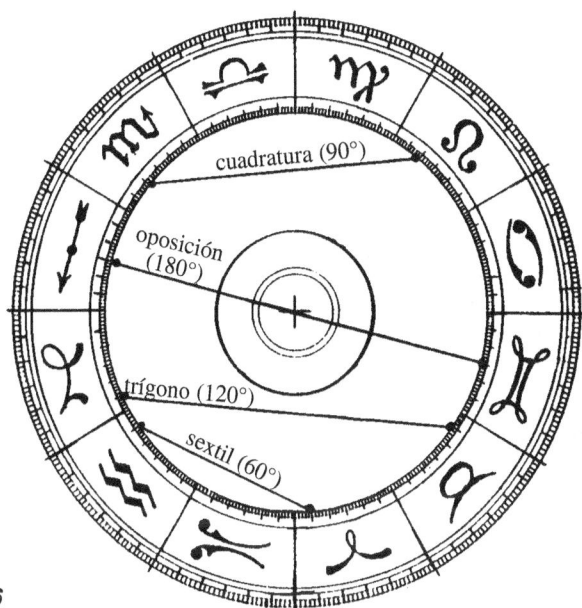

Fig. 6

Los Aspectos Planetarios: Claves para la Interpretación Astrológica

A medida que los planetas avanzan en su recorrido por el **círculo zodiacal**, ocupan diferentes posiciones y establecen **distintas distancias angulares entre sí**. Estas relaciones de distancia, expresadas en **grados**, reciben el nombre de **aspectos** y constituyen un **elemento fundamental** en la interpretación astrológica.

Los aspectos reflejan la **dinámica de interacción entre las energías planetarias**, ya sea **fortaleciéndolas o generando tensiones**. En el **tema natal**, que es la "fotografía" del cielo en el momento del nacimiento, los aspectos revelan la **estructura interna de la personalidad** y los **desafíos que marcarán la experiencia individual**.

Además, a lo largo de la vida, los planetas en movimiento forman **nuevos ángulos** con las posiciones planetarias originales del tema natal. Estos nuevos aspectos reciben el nombre de **tránsitos**, y permiten **seguir la evolución personal a lo largo del tiempo**, indicando momentos clave de crecimiento, crisis o transformación.

Principales Aspectos Astrológicos

Los aspectos más relevantes en astrología son los siguientes:

- **Conjunción (0°)** → Dos o más planetas se encuentran en el **mismo grado zodiacal**.
- **Sextil (60°)** → Los planetas están separados por **60°**.
- **Cuadratura (90°)** → Los planetas se encuentran a una distancia de **90°**.
- **Trígono (120°)** → Los planetas están separados por **120°**.
- **Oposición (180°)** → Los planetas están situados en **grados opuestos del zodiaco**.

Para todos estos aspectos, se considera un margen de **orbe** de **7 a 10 grados**, dependiendo de la naturaleza de los planetas implicados.

Aspectos Armónicos: Sextil y Trígono

Los aspectos **sextil** y **trígono** se consideran **armónicos o positivos**, ya que generan una conexión fluida entre las energías planetarias involucradas.

- **El Sextil (60°)**
    - o Representa **oportunidades** y potencialidades latentes que pueden aprovecharse con **esfuerzo y conciencia**.
    - o Actúa como un recurso que **facilita la expresión de talentos y habilidades**, proporcionando apoyo y fluidez en la personalidad.
- **El Trígono (120°)**
    - o Es un **aspecto altamente beneficioso**, que permite la **plena expresión de las cualidades en juego**.

100

o Se percibe como un **don natural**, una facilidad innata que hace que ciertos procesos sean más fluidos y espontáneos.
o En términos de destino, puede traer **suerte y estabilidad en las áreas relacionadas con los planetas involucrados.**

Aspectos Tensos: Cuadratura y Oposición

Por otro lado, la **cuadratura** y la **oposición** se consideran **aspectos de tensión o desafío**, ya que generan **conflictos internos o externos** que requieren esfuerzo y trabajo consciente para superarse.

- **La Cuadratura (90°)**
    o Representa **obstáculos o restricciones** en la expresión de los planetas implicados.
    o Puede manifestarse como **limitaciones, bloqueos o desórdenes energéticos**, requiriendo esfuerzo para armonizar las influencias en juego.
    o Aunque genera **frustración**, también impulsa el **crecimiento personal**, obligando a la persona a encontrar soluciones creativas.
- **La Oposición (180°)**
    o Refleja una **dualidad o conflicto** entre dos principios opuestos, que pueden alternarse o entrar en lucha constante.
    o Puede generar un **desequilibrio interno**, donde una de las energías predomina sobre la otra, o bien, alternan su influencia sin integrarse plenamente.
    o A menudo se manifiesta en **relaciones interpersonales**, proyectando el conflicto en el entorno y en la interacción con los demás.

La Conjunción: Fusión de Energías

La **conjunción (0°)** es un aspecto **neutro** que puede ser **positivo o negativo**, dependiendo de los planetas involucrados. Representa una **concentración de energías**, lo que puede intensificar el poder de los planetas o generar conflictos internos si sus naturalezas son contradictorias.

- Si los planetas son compatibles, la conjunción puede **potenciar sus cualidades** y hacer que trabajen en conjunto de manera efectiva.
- Si los planetas tienen naturalezas opuestas, pueden **interferir entre sí**, generando un conflicto interno que necesita equilibrio y regulación.

Interpretación Global de los Aspectos

Si bien los aspectos se clasifican tradicionalmente como **positivos o negativos**, su impacto **no es absoluto**. En realidad, cada aspecto debe considerarse dentro del **contexto global del tema natal**, ya que:

- Un aspecto **tenso** (cuadratura u oposición) puede ser un gran **motor de cambio y evolución**, impulsando a la persona a **superar dificultades** y desarrollar nuevas habilidades.
- Un aspecto **armónico** (sextil o trígono) puede proporcionar **facilidades**, pero si no se aprovecha activamente, puede generar **pasividad o falta de iniciativa**.

Representación de los Aspectos en el Tema Natal

En la **carta astral de nacimiento**, los aspectos planetarios se representan gráficamente mediante **líneas** que conectan los planetas involucrados (véase fig. 6).

- **Líneas azules o verdes** suelen representar **aspectos armónicos** (sextil, trígono).
- **Líneas rojas o naranjas** indican **aspectos tensos** (cuadratura, oposición).
- **Líneas negras o grises** suelen usarse para la **conjunción**, ya que su naturaleza depende de los planetas involucrados.

El análisis de los aspectos permite comprender **cómo interactúan las diferentes energías en la personalidad del individuo**, revelando tanto sus talentos como sus desafíos internos.

Entendimiento entre los signos

Compatibilidad Astrológica: Afinidades y Relaciones

Las afinidades entre los signos del zodiaco se basan en la **compatibilidad entre los cuatro elementos: fuego, tierra, aire y agua.**

- **Signos de fuego:** Aries, Leo y Sagitario → Dinámicos, apasionados y enérgicos.
- **Signos de tierra:** Tauro, Virgo y Capricornio → Realistas, pragmáticos y estables.
- **Signos de aire:** Géminis, Libra y Acuario → Comunicativos, intelectuales y sociables.
- **Signos de agua:** Cáncer, Escorpio y Piscis → Emocionales, intuitivos y sensibles.

Compatibilidades por Elementos

En términos generales:

- ✓ **Los signos del mismo elemento** suelen tener una **comprensión inmediata**, ya que comparten una forma similar de ver y vivir la vida.
- ✓ **Las combinaciones entre tierra y agua** suelen ser armoniosas, pues la tierra aporta estabilidad y el agua la enriquece emocionalmente.
- ✓ **Las combinaciones entre fuego y aire** también funcionan bien, ya que el aire aviva la llama del fuego, impulsando la acción y la creatividad.

Sin embargo, estas generalizaciones **no son suficientes** para explicar la complejidad de las relaciones interpersonales. El carácter de cada persona es un **conjunto de múltiples influencias**, y en astrología, el **tema natal** completo es lo que determina las verdaderas afinidades.

Además del signo solar, en una relación es esencial analizar otros factores clave: **el ascendente y la posición de la Luna, Venus y Marte.**

El Ascendente y la Primera Impresión

El **ascendente** refleja la manera en que una persona **se presenta ante los demás**, sus **actitudes espontáneas** y la primera impresión que causa.

- ✓ Es común que una persona se sienta atraída **a primera vista** por aquellos que tienen el **ascendente en su mismo signo**, ya que los percibe como semejantes.
- ✓ **En las relaciones de pareja**, el ascendente es clave, ya que se opone al **descendente**, que marca la **VII Casa**, el sector de la pareja y el "otro yo".

Para evaluar la **atracción y compatibilidad**, es fundamental analizar:

- El **eje ascendente-descendente** en ambos temas natales.
- **Los planetas situados en las Casas I y VII**, ya que revelan la forma en que se vive la relación y las expectativas en el amor.

El Sol y la Luna: Polaridad Masculina-Femenina

El **Sol y la Luna** representan la **base de la personalidad** y la manera en que se experimenta la energía masculina y femenina.

- ✓ **El hombre suele sentirse atraído por mujeres que tienen el Sol en el mismo signo que su Luna natal.**

- Ejemplo: Un hombre Tauro con **Luna en Sagitario** sentirá atracción por mujeres Sagitario.
- Puede deberse a un vínculo inconsciente con la imagen materna o a la representación de la "mujer ideal".

✓ **Una mujer, en cambio, encuentra afinidad cuando su Luna está en el mismo signo que el Sol de su pareja.**
- Ejemplo: Mujer con **Luna en Piscis** atraída por hombres nacidos bajo Piscis.
- Esto genera una conexión emocional en la que el hombre puede comprender y satisfacer las necesidades afectivas de su pareja.

✓ **Lunas en signos opuestos** (por ejemplo, Luna en Aries y Luna en Libra) pueden generar relaciones de gran intercambio emocional, donde ambos se complementan y aprenden del otro.

✓ **Sol y Luna en oposición** (por ejemplo, Sol en Géminis y Luna en Sagitario) pueden crear una relación muy estimulante, pero que requiere trabajo de comprensión mutua.

Si los planetas implicados están en **conjunción**, la conexión se intensifica, estableciendo un lazo profundo y duradero.

Venus y Marte: Amor y Pasión

Venus y Marte son **determinantes en la vida amorosa**:

✓ **Venus representa el amor, el placer y la seducción.**
- En una mujer: Indica **cómo expresa su feminidad** y se da a los demás.
- En un hombre: Indica **qué tipo de mujer lo atrae**.

✓ **Marte representa el deseo, la acción y la pasión.**
- En un hombre: Define **su virilidad y energía sexual**.
- En una mujer: Representa **su tipo de hombre ideal** y cómo manifiesta su deseo.

Venus y Marte en Aspecto: Compatibilidad Pasional

✓ **Conjunción Venus-Marte** → Gran atracción física y una relación intensa. Si existen otros factores de compatibilidad, es una combinación poderosa.

✓ **Sextil y trígono** → Generan química y armonía en la pareja, asegurando una relación estable y apasionada.

✓ **Cuadratura y oposición** → Relaciones con **tensión sexual intensa**, pero también conflictos y dificultades de entendimiento.

✓ **Relaciones entre Venus-Venus y Marte-Marte** también son relevantes.
  - **Venus-Venus armonioso** → Dulzura y afecto en la relación.
  - **Marte-Marte en tensión** → Rivalidad o conflictos de poder.

Sinastría: La Comparación de Cartas Natales

La **sinastría** es la rama de la astrología que analiza la **compatibilidad entre dos personas** mediante la comparación de sus cartas natales.

✓ Permite identificar **puntos de unión, fortalezas y desafíos** en una relación.
✓ Se aplica no solo al amor, sino también a **amistades, relaciones laborales y familiares**.

A través de la sinastría, una pareja puede:

- **Comprender mejor su relación.**
- **Resolver malentendidos y diferencias.**
- **Aprovechar las fortalezas del vínculo.**

Herencia astral

Herencia Astral: Vínculos entre Padres e Hijos

Así como se heredan **rasgos físicos y de carácter**, también se transmiten **patrones astrológicos** entre generaciones.

✓ **El ascendente suele repetirse en la familia.**

- Ejemplo: Un padre Aries con un hijo con **ascendente Aries**.
- Esto influye en la **dinámica familiar** y la forma en que el hijo **asimila la identidad del padre**.

✓ **La Luna en el signo del padre o la madre** indica una conexión especial:

- **Hijo con Luna en Géminis y madre Géminis** Relación afectiva fuerte y gran influencia materna.
- **Hija con Luna en el signo del padre** Se identificará con él y tomará su forma de ver el mundo.

✓ **Estos patrones pueden rastrearse incluso a los abuelos y bisabuelos**, revelando un legado astrológico que se transmite en la familia.

Conclusión

Las relaciones humanas son **complejas y multidimensionales**, y la astrología ofrece una herramienta fascinante para comprenderlas mejor.

✓ **El signo solar** es un punto de partida, pero la verdadera compatibilidad se descubre en el análisis de la **carta natal completa**.

✓ **El ascendente, la Luna, Venus y Marte** son claves en la dinámica de atracción y en la evolución de una relación.

✓ La **sinastría** permite explorar a fondo las conexiones entre dos personas, ayudando a comprender y mejorar la relación.

✓ **La herencia astral** es un fenómeno real que muestra la continuidad de ciertos patrones astrológicos en las generaciones familiares.

Este conocimiento no solo nos ayuda a fortalecer nuestras relaciones, sino también a **descubrir la armonía existente en el universo** y cómo se refleja en nuestras vidas.

La influencia de los planetas lentos sobre las costumbres y la sociedad

Urano, Neptuno y Plutón son los planetas más lentos del sistema solar, avanzan por la banda zodiacal apenas unos pocos grados al año y permanecen largos periodos en el mismo signo. Por ello, es comprensible que ejerzan una influencia clave sobre generaciones enteras, dejando una huella característica en cada época histórica.

Como vimos en los capítulos anteriores, estos planetas desempeñan un papel fundamental en el plano individual. En este capítulo, nos centraremos en su influencia generacional, para entender cómo definen el clima social y cultural de cada fase histórica.

Antes de continuar, repasemos brevemente los tiempos de sus órbitas:

- **Urano**, el más rápido de los tres, tarda aproximadamente 84 años en recorrer todo el zodiaco. Es el último planeta que puede retornar a su posición natal durante la vida de una persona. Su tránsito por cada signo dura unos 6-7 años.
- **Neptuno** necesita unos 164 años para completar su ciclo zodiacal, permaneciendo alrededor de 13 años en cada signo.
- **Plutón**, el más lento, tarda cerca de 250 años en dar una vuelta completa al zodiaco y cambia de signo aproximadamente cada 20 años.

Estas cifras bastan para comprender la enorme relevancia de estos planetas, que marcan los ciclos más amplios del "reloj zodiacal". A través de sus configuraciones armónicas o tensas entre sí, han acompañado los acontecimientos clave de la historia de la humanidad.

Las influencias generacionales

Urano

Como se explicó anteriormente, Urano representa la **consciencia individual**, el impulso hacia el cambio, las renovaciones drásticas y la voluntad de alcanzar objetivos concretos utilizando los recursos disponibles. Es el planeta de la tecnología, la eficiencia y el utilitarismo.

Su tránsito por los signos zodiacales influye directamente en la predisposición hacia las innovaciones y el dinamismo de las generaciones nacidas con Urano en una misma posición, compartiendo así experiencias sociales y colectivas que movilizan sus energías hacia metas concretas.

Algunos ejemplos históricos:

- **Generación de los años 60** (Urano en Géminis): Signo intelectual por excelencia, vinculado al estudio, la cultura y la información, todos ellos protagonistas de las protestas de la época. Esta generación mostró un espíritu crítico agudo, cierto exhibicionismo provocador y una frescura expresiva única.
- **Nacidos entre 1949 y 1955** (Urano en Cáncer): Más tradicionalistas, con una sensibilidad acentuada hacia el hedonismo, aunque con un extremo opuesto de fanatismo ideológico.
- **Yuppies nacidos entre 1956 y 1961** (Urano en Leo): Individualistas y orgullosos, obsesionados con el prestigio social y formal.
- **Generación de 1962-1968** (Urano en Virgo): Pragmáticos, eficientes, organizados y realistas. Escaso idealismo, pero con gran sentido de la planificación.
- **Nacidos entre 1969 y 1974** (Urano en Libra): Diplomáticos en apariencia, pero con rigor interno y capacidad crítica afilada, que buscan comprometer lo menos posible la armonía social y su paz personal.
- **Nacidos entre 1975 y 1981** (Urano en Escorpio): Creativos, combativos, anticonvencionales, con gran curiosidad por lo nuevo y una extraordinaria capacidad de decisión.

- **Nacidos entre 1982 y 1988** (Urano en Sagitario): Con necesidad de vincular sus ambiciones a ideales sólidos, buscando valores morales estables para contrarrestar su inherente inquietud.
- **Nacidos entre 1989 y 1995** (Urano en Capricornio): Realistas, prácticos, con ambiciones meticulosas y métodos perfeccionados para lograr objetivos concretos.
- **Nacidos entre 1996 y 2003** (Urano en Acuario): Generación innovadora, visionaria, con un fuerte sentido individualista combinado con una clara vocación grupal y altruista.
- **Nacidos entre 2004 y 2010** (Urano en Piscis): Generación de soñadores, creativos y sensibles, con interés por lo espiritual y lo artístico, pero también con tendencia a la evasión.
- **Nacidos entre 2011 y 2018** (Urano en Aries): Rebeldes, pioneros, con una energía combativa y voluntad de liderar innovaciones disruptivas.
- **Nacidos entre 2019 y 2025** (Urano en Tauro): Buscan estabilidad material e innovación pragmática, especialmente en economía y sostenibilidad, adaptándose a nuevas formas de vida.

Neptuno

Neptuno simboliza la **inquietud interior**, el impulso hacia el cambio, las aspiraciones espirituales e ideales, y la capacidad de imaginar realidades alternativas. Inspira las expresiones artísticas y creativas. Su tránsito por los signos influye en la **evolución de las costumbres**, los valores espirituales y la mentalidad colectiva.

- **1929-1943 (Neptuno en Virgo)**: Época de austeridad, mentalidad conservadora centrada en el trabajo, el ahorro y el sacrificio.
- **1943-1956 (Neptuno en Libra)**: Evolución moderada de costumbres, mayor sensibilidad social y apertura paulatina hacia el placer.
- **1956-1969 (Neptuno en Escorpio)**: Revolución cultural, rebeldía ante las normas, creatividad radical y tendencias autodestructivas.

- **1969-1984 (Neptuno en Sagitario)**: Resurgimiento de valores morales tradicionales, combinados con una atracción hacia la aventura.
- **1984-1998 (Neptuno en Capricornio)**: Predominio de valores pragmáticos, con escaso idealismo y un enfoque social rígido.
- **1998-2012 (Neptuno en Acuario)**: Generación más permeable a utopías e idealismos, pero también cautelosa y reflexiva.
- **2012-2026 (Neptuno en Piscis)**: Generación marcada por una alta sensibilidad espiritual, artística y mística, con ideales colectivos y compasivos, aunque con riesgo de evasión y confusión.

Plutón

Plutón representa las **fuerzas evolutivas y transformadoras**, que sacan a la luz lo oculto, destruyen lo obsoleto y generan un renacimiento. Influye en las generaciones al marcar procesos históricos de transformación profunda.

- **1913-1938 (Plutón en Cáncer)**: Conservadurismo extremo, apego a la seguridad y la tradición.
- **1938-1957 (Plutón en Leo)**: Expansión del individualismo, poder autoritario, creatividad ostentosa y destructiva.
- **1957-1971 (Plutón en Virgo)**: Generación prudente, centrada en la eficiencia y la preservación.
- **1971-1984 (Plutón en Libra)**: Revisión social crítica, búsqueda de justicia y equilibrio.
- **1984-1995 (Plutón en Escorpio)**: Transformaciones radicales, generación combativa y renovadora.
- **1995-2008 (Plutón en Sagitario)**: Espíritu libre, justiciero, enfocado en la globalización y los valores culturales.
- **2008-2024 (Plutón en Capricornio)**: Transformación de estructuras sociales, económicas y políticas; generación obsesionada con la seguridad y la supervivencia material.

- **2024-2044 (Plutón en Acuario)**: Generación orientada hacia la revolución tecnológica, la reinvención social y el rediseño de las estructuras colectivas, con énfasis en lo comunitario, lo digital y la libertad.

Astrología mundial

La astrología mundial estudia cómo las configuraciones planetarias afectan no solo a individuos, sino a **sociedades enteras**, influenciando ideologías, sistemas políticos, movimientos sociales y cambios históricos.

La actual transición de **Plutón en Acuario**, sumada a **Neptuno en Piscis** y **Urano en Tauro**, marca un periodo de profundas revisiones sociales, tecnológicas y ecológicas. La interacción entre estos tres planetas configurará las grandes tendencias globales hacia 2040.

Si necesitas que amplíe sobre años futuros o quieras un resumen separado de tendencias de 2025 en adelante, avísame.

Tercera parte

LLA INTERPRETACIÓN DE LA FICHA ASTROLÓGICA PERSONAL

por *Francesca Garro*

Tercera parte LA INTERPRETACIÓN DE LA FICHA ASTROLÓGICA
PERSONAL por Costanza Caraglio 109 Las páginas que siguen
ofrecen la posibilidad de profundizar en el conocimiento del tema
natal propio: basándonos en los cálculos realizados anteriormente
se sugiere el significado del ascendente y la influencia de la Luna.
Se analiza también la influencia de Júpiter y Saturno.

Si es Aries con ascendente...

Aries y su Ascendente: Combinaciones y Características

Cada combinación de Aries con su ascendente da lugar a una personalidad única, con matices que pueden potenciar o equilibrar la intensidad ariana. A continuación, se describen las principales características de cada combinación.

Aries con Ascendente en Aries
Doble fuego, doble intensidad. Esta combinación exalta al máximo la energía de Aries, generando una personalidad impulsiva, apasionada y directa. No tiene segundas intenciones ni paciencia para sutilezas, lo que puede crear conflictos en sus relaciones. Sin embargo, su sinceridad y entusiasmo contagian a quienes lo rodean.

- ✔ **Punto fuerte:** Pionero, líder nato, apasionado.
- ✔ **Punto débil:** Intolerante, impaciente, puede ser testarudo.
- ✔ **Salud:** Predisposición al insomnio y dolores de cabeza.

Aries con Ascendente en Tauro
El fuego de Aries se modera con la estabilidad de Tauro. Esta combinación aporta más paciencia y perseverancia, haciendo que las acciones sean menos impulsivas y más estratégicas. Es un excelente trabajador, confiable y con una fuerte determinación.

- ✔ **Punto fuerte:** Persistente, sensual, protector en el amor.
- ✔ **Punto débil:** Puede ser demasiado posesivo o testarudo.
- ✔ **Salud:** Propensión a problemas en la garganta y metabolismo lento.

Aries con Ascendente en Géminis

Energía y mente ágil. Este Aries combina pasión y curiosidad, siendo una persona dinámica, con gran capacidad de comunicación y aprendizaje. Sin embargo, puede caer en la dispersión y la inconstancia.

- ✓ **Punto fuerte:** Ingenioso, versátil, adaptable.
- ✓ **Punto débil:** Impaciente, tiende a abandonar proyectos antes de terminarlos.
- ✓ **Salud:** Nerviosismo, tendencia al estrés.

Aries con Ascendente en Cáncer

Personalidad contradictoria: impulsivo y fuerte por fuera, pero emocionalmente vulnerable por dentro. Oscila entre la acción decidida y momentos de introspección y duda.

- ✓ **Punto fuerte:** Sensible, protector, gran capacidad de resistencia ante crisis.
- ✓ **Punto débil:** Cambios de humor, tendencia a la melancolía.
- ✓ **Salud:** Posible tendencia a la depresión y problemas digestivos.

Aries con Ascendente en Leo

Fusión de dos signos de fuego, lo que da como resultado una personalidad ambiciosa, enérgica y con un fuerte sentido del liderazgo. No se conforma con ser uno más, busca brillar.

- ✓ **Punto fuerte:** Carismático, seguro de sí mismo, generoso.
- ✓ **Punto débil:** Orgullo excesivo, necesidad de reconocimiento constante.
- ✓ **Salud:** Tiende a somatizar el estrés en el corazón y la espalda.

Aries con Ascendente en Virgo

Un Aries más racional y analítico. La impulsividad ariana se equilibra con la meticulosidad de Virgo, lo que da una personalidad más estratégica y perfeccionista.

✓ **Punto fuerte:** Disciplina, atención al detalle, pragmatismo.
✓ **Punto débil:** Autocrítica excesiva, tendencia a la ansiedad.
✓ **Salud:** Problemas digestivos o nerviosos.

Aries con Ascendente en Libra

Dos fuerzas opuestas que buscan el equilibrio. Este Aries es más sociable, diplomático y consciente de la armonía en sus relaciones. Sin embargo, puede ser indeciso en momentos clave.

✓ **Punto fuerte:** Carismático, buen mediador, sentido estético.
✓ **Punto débil:** Puede depender demasiado de la aprobación ajena.
✓ **Salud:** Problemas en la zona lumbar y riñones.

Aries con Ascendente en Escorpio

Combinación intensa y poderosa. La energía de Aries se une con la profundidad emocional de Escorpio, generando una persona magnética, apasionada y con una gran fuerza de voluntad.

✓ **Punto fuerte:** Determinado, intuitivo, resiliente.
✓ **Punto débil:** Puede ser demasiado controlador o vengativo.
✓ **Salud:** Propensión a problemas hormonales o relacionados con la sexualidad.

Aries con Ascendente en Sagitario

Aventurero, idealista y optimista. Su entusiasmo y energía parecen inagotables, pero puede ser demasiado impulsivo y descuidado con los detalles.

✓ **Punto fuerte:** Espíritu libre, motivador, explorador.
✓ **Punto débil:** Inquieto, puede aburrirse con facilidad.
✓ **Salud:** Problemas en caderas y muslos, propensión a accidentes.

Aries con Ascendente en Capricornio

Ambición y disciplina se combinan. Este Aries es más estructurado y paciente, capaz de trabajar duro para alcanzar sus metas.

✓ **Punto fuerte:** Estratégico, perseverante, ambicioso.
✓ **Punto débil:** Puede ser frío, distante o demasiado serio.
✓ **Salud:** Problemas en huesos y articulaciones.

Aries con Ascendente en Acuario

Independiente, visionario y con un fuerte deseo de romper esquemas. Su creatividad y originalidad lo hacen destacar, pero puede ser poco constante.

✓ **Punto fuerte:** Innovador, rebelde con causa, idealista.
✓ **Punto débil:** Impredecible, a veces distante emocionalmente.
✓ **Salud:** Tendencia a problemas circulatorios o calambres.

Aries con Ascendente en Piscis

La energía de Aries se suaviza con la sensibilidad de Piscis, dando lugar a una personalidad intuitiva y soñadora, pero con cambios de humor.

✓ **Punto fuerte:** Creativo, empático, con una gran intuición.
✓ **Punto débil:** Puede ser indeciso y fácilmente influenciable.
✓ **Salud:** Propenso a fatiga emocional, sistema inmune delicado.

Conclusión

Cada combinación de Aries con su ascendente crea una personalidad única, con diferentes formas de abordar la vida y las relaciones. Mientras algunos ascendentes potencian la energía ariana, otros la moderan y le aportan mayor reflexión o sensibilidad. Conocer esta combinación puede ayudar a **comprender mejor fortalezas, desafíos y tendencias naturales**, favoreciendo un crecimiento más consciente y equilibrado.

Si es Aries con la Luna en...

Aries con la Luna en Aries

Si no hay aspectos equilibrantes con otros planetas en el horóscopo personal, esta combinación puede consumir buena parte de la energía vital en el plano nervioso. El entusiasmo se alterna sin descanso con crisis depresivas, potenciando el impulso ariano y extendiéndolo a todas las áreas de la vida, lo que genera un estado de estrés constante. Esta persona es muy excitable y, con frecuencia, incapaz de concluir lo que empieza. La afectividad y la dulzura son casi inexistentes o, en el mejor de los casos, aparecen de manera discontinua. Sin embargo, es alguien de reacciones rápidas, decidido, individualista, que sabe ser independiente y rechaza con firmeza los consejos y opiniones ajenas. Por el predominio de la energía masculina, esta combinación suele ser más difícil de gestionar para la mujer que para el hombre. Ella, con un fuerte espíritu de amazona, tiene serias dificultades para encontrar un equilibrio estable en pareja.

Aries con la Luna en Tauro

Aquí se combinan tendencias profundamente contrastantes. Amortigua los impulsos arianos y, en lo más profundo, anhela tranquilidad y la realización práctica de sus deseos. Esta necesidad, quizás inconsciente, puede aflorar y hacerse consciente con el tiempo. En la mujer, a menudo genera un conflicto interno entre el instinto aventurero y entusiasta de Aries y el deseo de estabilidad, un hogar acogedor, un trabajo seguro o una placentera vida doméstica. El hombre Aries con Luna en Tauro también enfrenta este dilema, pero suele tener ventaja: le basta encontrar una pareja con características taurinas para alcanzar un equilibrio razonable.

Aries con la Luna en Géminis

Esta es la unión de dos energías masculinas que pueden complementarse, siempre que logren no ser arrastradas por el egocentrismo. La persona con esta combinación "tiene más conchas que un galápago": la iniciativa ariana encuentra terreno fértil en la fantasía geminiana. La mujer es particularmente activa, con múltiples intereses, sobre todo intelectuales. Es ideal para el periodismo o cualquier profesión donde se combinen audacia e inteligencia. Como madre, es deportista y no se deja condicionar por los hijos, aunque los quiere profundamente. En pareja, busca igualdad y no tolera hombres rutinarios o sin personalidad fuerte, con quienes tiende siempre a chocar. El hombre, menos constante, sueña con una juventud eterna y una vida sin límites para su imaginación.

Aries con la Luna en Cáncer

Tras una fachada de dinamismo extremo y cierta agresividad, se esconde una naturaleza dulce, a veces temerosa y replegada, que solo busca un refugio seguro. La timidez puede volverse agresiva, y el miedo a ser descubierto se traduce en huidas. Hay un punto de conexión entre Aries y Cáncer en el valor por la tradición, aunque lo viven de maneras diferentes. El hombre Aries con Luna en Cáncer suaviza parte de sus excesos, aunque sus cambios de humor lo vuelven más difícil de comprender. La mujer, pese a su audacia, sabe envolverse de dulzura, y su sensualidad se expresa con ternura y disponibilidad. Vive la maternidad intensamente y no la ve como un obstáculo para su independencia, sino como un pilar esencial de su vida.

Aries con la Luna en Leo

Excelente combinación para quienes buscan brillar y ser protagonistas. Vivir intensamente es una necesidad vital. Su iniciativa siempre va acompañada de una grandiosidad innata, aunque carecen de autocrítica, lo que puede llevarlos a perder el sentido de la realidad, como modernos Sanchos Panza. El hombre exagera la magnitud de todo, mientras la mujer, además de vital y audaz, posee una majestuosidad natural que la destaca incluso en medio de la multitud. Sin frenos ni miedos, se ocupa de sí misma y de sus deseos. Como madre, es orgullosa y, al estilo de Cornelia, madre de los Graco, muestra a sus hijos como sus más preciadas joyas.

Aries con la Luna en Virgo

Aquí, el ardor ariano se modera gracias a un espíritu crítico sobre sus emociones. La independencia y audacia de Aries se combinan con un peculiar sentido del pudor, lo que evita los arrebatos más impulsivos. Esta Luna proyecta a Aries hacia la vida cotidiana, fortaleciendo el vínculo con la familia y las pequeñas cosas. Sin embargo, puede surgir una tensión inconsciente entre la fuerza solar y los límites autoimpuestos por la Luna en Virgo, generando ciclos de euforia y depresión. La mujer combina su espíritu aventurero con una marcada practicidad y necesidad de perfección. El hombre buscará en su pareja un reflejo secreto de sus propios miedos.

Aries con la Luna en Libra

Es una combinación inquieta, típica de cuando los luminares están en signos opuestos. La Luna en Libra necesita armonía, equilibrio y satisfacción estética, mientras el Sol ariano empuja hacia acciones primitivas e impulsivas. Cuál de las dos fuerzas predomina dependerá del resto del horóscopo. A menudo, la Luna en Libra aporta cierta superficialidad, lo que puede agudizar la falta de profundidad de Aries. Se enfrentan a la vida con ligereza, y las emociones suelen ser superficiales. La necesidad de maternidad no es particularmente fuerte, pero cuidan a sus hijos con dedicación, dándoles libertad para desarrollar su carácter e iniciativa.

Aries con la Luna en Escorpio

La carga erótica de la Luna en Escorpio se fusiona con el ardor ariano, creando una combinación explosiva si no se modera con otros aspectos. En el hombre, la violencia puede volverse destructiva cuando no encuentra canales creativos adecuados. La mujer se siente atraída por amores secretos e intensos, y cuando ama, se entrega por completo. Pero cuidado: si la traicionan, se convierte en una implacable Medea, investigadora infalible y destructora. En ambos sexos existe una semilla de violencia que puede volcarse hacia el bien —exploración psicológica profunda— o el mal —búsqueda de lo oscuro y turbio—.

Aries con la Luna en Sagitario

El entusiasmo es la marca distintiva de esta personalidad capaz de adoptar cualquier idea, por extraña que sea, y ponerla en práctica. Alegre, ingenua y leal, esta persona cautiva con la pureza de su alma, a menudo alejada de la realidad. Sin embargo, gracias al dinamismo de Aries y la extroversión sagitariana, suele conseguir muchos logros. Es un amigo incondicional, siempre dispuesto a ayudar sin reproches. A veces es excesivo y cruza límites sin darse cuenta, faltando al tacto y autocontrol. Es ambicioso y persigue sus objetivos con pasión. Su inconsciente es transparente y su comportamiento, exuberante.

Aries con la Luna en Capricornio

La vida familiar suele ser fuente de conflictos. La infancia, marcada por dificultades, deja huellas incluso en la relación con sus propios hijos. Esta persona es incapaz de expresar abiertamente su necesidad de afecto y la guarda toda su vida. Conoce el sacrificio desde joven y, aunque sus impulsos vitales son fuertes, un exceso de responsabilidad o bloqueos internos lo frenan. Alterna entre dinamismo y parálisis, acumulando frustración. En la mujer, la maternidad puede vivirse como un deber más que como una vocación. Su mejor etapa no es la infancia, sino la madurez, cuando ya ha aprendido las reglas de la vida y puede dar lo mejor de sí.

Aries con la Luna en Acuario

Esta es una combinación anárquica y difícil de gestionar, especialmente para las mujeres. Emociones y acciones se traducen en una constante búsqueda creativa de espacios sin límites. Siempre listos para batallas ideológicas, no logran adaptarse a rutinas ni a la vida familiar convencional. Para ambos sexos, trabajos rutinarios son garantía de fracaso. Deben buscar caminos de autoconciencia para encontrar su verdadera vocación y evitar errores.

Aries con la Luna en Piscis

Esta combinación suele crear personalidades infantiles e indecisas, aunque muy intensas. El dinamismo ariano convive con una fantasía desbordante, alternando hiperactividad y apatía. Su incoherencia puede convertirlos en "diablos-niños". En escenarios positivos, desarrollan talentos artísticos notables. Viven la maternidad con sensibilidad especial, sobre todo durante el embarazo.

Si es Aries con Júpiter en...

Aries con Júpiter en Aries

Esta es una óptima combinación de dinamismo, entusiasmo y optimismo, que pueden ser la carta ganadora de toda la vida. La acción a menudo impulsiva de Aries toma ventaja por la influencia de Júpiter, que la canaliza considerablemente privándola de buena parte del egoísmo. Por lo tanto, una persona de este tipo sabrá dominar sus instintos bélicos y hacer valer en su relación con los demás una autoridad natural. Si Júpiter tiene aspectos difíciles con otros planetas (oposición y cuadratura) la generosidad se dirige sobre todo a sí mismo. Existe la posibilidad de que se realice un desgaste de energía excesivo y, alguna vez, incluso un despilfarro de dinero, o incluso de salidas de tono. Pero Júpiter casi siempre ayuda a dar lo mejor de sí mismo, sobre todo en las posiciones de mando, donde puede convertirse, en poco tiempo, en un punto de referencia válido. La mujer tendrá generalmente una visión de su compañero como protector de su vida e indicador de su destino.

Aries con Júpiter en Tauro

El espíritu de iniciativa y el dinamismo de Aries se unen con la capacidad de realización práctica del tauro, creando una mezcla de éxito seguro, salvo aspectos que actúan como freno de otros planetas en oposición o cuadratura. De todas formas, generalmente el sentido común de Tauro consigue equilibrar a Aries, aportándole esa calma que necesita para alcanzar las metas, sobre todo en el sector profesional o en el ámbito social. La necesidad de autoafirmación encuentra aquí el terreno adecuado para una mayor constancia de entendimiento y, sobre todo, por la consecución de la independencia financiera, necesaria para una completa libertad.

Júpiter en esta posición es incluso un disuasor para todas las manifestaciones típicas de Aries, que lo llevan a escapar del razonamiento dando privilegio siempre a la acción por la acción. Con aspectos difíciles puede significar movimientos de dinero e iniciativas financieras no muy afortunadas.

Aries con Júpiter en Géminis

Con esta combinación todas las características peculiares de Aries ya no se conforman con manifestarse, sino que pretenden obtener la consagración social que se consigue generalmente a través de formas no siempre ortodoxas, pero bastante eficaces. De todos modos, le faltará la constancia en los propósitos y por ello lo que obtenga le llegará más por efecto de alguna intuición momentánea que por su previsión. Si Júpiter no está muy bien situado pueden presentarse peleas o batallas sobre papel sellado que, además de calentar los espíritus, pueden provocar la pérdida de lo que ya se ha alcanzado. Se aconseja que este nativo aprenda a controlar sus reacciones y a utilizar las energías juveniles con mucha inteligencia, si quiere obtener de ellas los máximos reconocimientos oficiales. Júpiter en esta sede puede llevar también fortuna a través de escritos y de comunicación en general.

Aries con Júpiter en Cáncer

Cuando con los años el ardor de Aries tenga que echar cuentas, será el momento en el que Júpiter en Cáncer desplegará sus mejores cualidades para otorgar una madurez sin preocupaciones materiales. Durante los años jóvenes, en cambio, podrán verificarse muchas intolerancias, puesto que la necesidad de dinero, de bienes materiales y sobre todo de bienes inmuebles tropezará con el excesivo anhelo de independencia, de dinamismo y por lo tanto de incapacidad, para la persona con esta combinación. La mujer, a cualquier edad, está preparada para trabajar con todas sus fuerzas a fin de conseguir un bienestar económico que le garantice para el futuro una vida tranquila, socialmente bien encuadrada y, sobre todo, sin sacrificios. De todos modos, dará preferencia al hombre que pueda asegurársela, pero con la condición de que acepte igualmente su total independencia.

Aries con Júpiter en Leo

Es una de las mejores combinaciones, sobre todo si a Júpiter lo sujeta Marte. La audacia de Aries encuentra con Júpiter en Leo el apoyo necesario para no perder a lo largo del camino el éxito obtenido, sino más bien para consolidarlo. La ambición de Aries se alía con la de Leo y su necesidad de estar siempre en lo más alto de la escala social desde donde dirigirse a todos los sectores. Los dos fuegos están alimentados continuamente y pueden llegar muy lejos si la consciencia sabe controlar los excesos. En efecto, puede producirse excesiva megalomanía o demasiados gastos, especialmente si Júpiter está en cuadratura con el Medio Cielo, y de todos modos actitudes presuntuosas y paternalistas, muy a menudo fuera de lugar. En personas particularmente evolucionadas puede dar en cambio una persona generosa de sí misma y de lo que le pertenece, que actuará siempre y únicamente para el bien de los demás y para la consecución de una verdadera justicia social.

Aries con Júpiter en Virgo

Se trata casi siempre de personas que viven bastante mal el contraste entre necesidad de actuar continuamente, para obtener de la vida todo lo que les pasa por la cabeza, y la necesidad de no desperdiciar nada, ni dinero ni energías. Por lo tanto, pasará muy a menudo de gastos sin motivo, realizados a lo grande y bajo el empuje de una irracional motivación, a actitudes de hormiguita juiciosa que gasta sólo lo justo. Incluso la visión de la vida se reestructurará o, por lo menos, no satisfará a todos los Aries que quieren combatir por fines económicos o especulativos. Sucederá algo que les hará reflexionar y les obligará a admitir que alguna iniciativa no se debía de haber tomado. Se aconseja por lo tanto a estas personas que se lancen en la pugna sólo por algo realmente válido, mejor si está relacionado con la salud, con la dietética o con lo que necesita perfeccionamiento.

Aries con Júpiter en Libra

Se trata de una posición poco privilegiada para Júpiter, que encuentra un bloqueo en sus realizaciones prácticas y en el éxito en general por la oposición del Sol. Difícilmente quien tiene esta combinación consigue encontrar suficiente optimismo en la vida para tener gratificaciones materiales o sociales. Si Júpiter está en buena relación con Marte puede dar, si no optimismo, mucho valor, que servirá en todas las circunstancias de la vida para superar posibles dificultades. Un Júpiter en Libra puede considerarse más afortunado para la mujer, a la que asegura casi siempre muchas cosas agradables, aunque luego, al final, no consiga sentirse totalmente satisfecha. Podrá darse, en todos los nativos, una cierta tendencia a tirar el dinero por la ventana y a no encontrar las capacidades organizativas suficientes que puedan impedir pérdidas físicas y psíquicas. El estudio del tema personal podrá ayudar a encontrar los campos en que este Júpiter puede ser más favorable.

Aries con Júpiter en Escorpio

Esta combinación no es de las mejores para conseguir en poco tiempo éxito y reconocimientos sociales, aunque la necesidad se siente mucho. La agresividad tenderá por lo tanto a utilizar armas que podrían ser de doble filo para poder obtener el tan anhelado prestigio.

Si esto no se obtiene, muy a menudo este nativo intenta vengarse con quien, según él, le ha puesto palos en las ruedas, incluso transgrediendo la ley. Si en cambio tanto el Sol como Júpiter tienen buenos aspectos sobre todo con Marte, el Aries conseguirá alcanzar el poder en la madurez o, por lo menos, conseguirá convertirse en una eminencia gris, con relaciones bastante importantes. La mujer con estas características podrá imponerse al hombre, sobre el que tenderá a ejercer una forma de dominio, quizás oculta pero no por ello menos importante.

Aries con Júpiter en Sagitario

Podría ser una espléndida combinación para quien se ocupa de política, especialmente internacional, y para todos aquellos que tienen necesidad de vivir con el lema del dinamismo y de la inventiva. Óptima combinación incluso para quien trabaja en el campo de la enseñanza, puesto que su particular carisma y la capacidad de instruir sin hacer pesar el propio saber, hace que sean amados y seguidos. Sol y Júpiter están aliados para dar apariencia jurídica y social a las iniciativas y por lo tanto pueden ayudar de forma particular a todos aquellos que trabajan para el bien de los otros, además del propio. El coraje y la audacia están unidos a una óptima forma psico-física, que ayuda en todas las situaciones y que contribuye a conseguir el éxito. Como en todas las situaciones demasiado favorables existe el revés de la medalla: el querer ir hacia delante a toda costa, incluso cuando las situaciones son poco adecuadas.

Aries con Júpiter en Capricornio

El dinamismo ariano adquiere un sentido de la realidad y una capacidad organizativa y realizadora que de otra forma no conocería. La acción se vuelve por lo tanto positiva y consigue canalizar la creatividad de Aries con resultados a menudo óptimos. El éxito en la profesión está casi garantizado, aunque podrá verificarse alguna dificultad debido a la personalidad de base, empujada a continuos cambios de meta. Pero la unión de Marte con los dos signos crea una sobrecarga de tensión, lo que lleva a dramatizar los acontecimientos y a tomas de posición duras, totalmente privadas de esa ductilidad necesaria para obtener un buen éxito. Podría incluso afectar a la salud, si no existe un apoyo positivo de Marte: en este último caso las dos fuerzas encontrarían una canalización correcta en alguna actividad deportiva, pero que debería poderse activar sólo después de una atenta selección de las posibilidades naturales.

Aries con Júpiter en Acuario

Se trata de una buena combinación, que puede ampliar la visión de la vida dando una particular capacidad de comprensión de todo lo que es más nuevo y anticonformista y de lo cual sacar el provecho justo. Tanto los hombres como las mujeres verán el poder como coerción de la voluntad de los demás y, por lo tanto, tendrán frente al mismo una actitud polémica y anticonformista. Esto no significa que no vayan a hacer nada para obtenerlo, al contrario, lucharán duramente y, apoyados por una buena capacidad organizativa bastante insólita en los Aries, conseguirán su objetivo. Si las relaciones con Urano son buenas, estarán dotados incluso de particulares dotes de creatividad, especialmente en el sector artístico y artesanal, que podrá aportarles buena fama, sobre todo si disponen de una buena posición de la Luna. Un Marte en mal aspecto con Júpiter pondrá en evidencia, en cambio, una lucha no indiferente.

Aries con Júpiter en Piscis

Esta combinación aporta al signo de Aries una notable carga espiritual que lo lleva a una búsqueda en ese sentido durante toda la vida. Si otros factores del horóscopo lo confirman, se trata de la posición característica de todos aquellos que se ocupan activamente del dolor ajeno y realizan cruzadas para el bien de la humanidad, olvidando completamente sus propios intereses personales. Pero al ser el signo de Piscis un signo doble, puede en cambio resultar ser una persona exactamente contraria a la descrita hace un momento, una persona que utilizará su capacidad para ampliar con desmesura su propio campo de acción. No prestará mucha atención a lo que le es más agradable sino a lo que podrá hacerle conseguir poder y éxito en el menor tiempo posible. De todos modos, para esta persona, la política y las actividades relacionadas con la ley pueden parecer las más adecuadas para ayudar a los demás, algo de lo que tenderá a alardear de forma excesiva.

Si es Aries con Saturno en...

Aries con Saturno en Aries

Esta no es, en realidad, una de las posiciones más favorables para Saturno, ya que tiende a anular las cualidades naturales de Aries, como la solidaridad, la energía y el entusiasmo. El nativo, aunque siente dentro de sí una gran necesidad de dinamismo, suele experimentar miedo e inseguridad, buscando antes de actuar una larga serie de garantías y certezas. Con frecuencia, esta combinación señala también una falta de coraje, lo que puede convertir al individuo en alguien que intenta delegar en otros las responsabilidades más comprometedoras. Sin embargo, si Saturno recibe buenos aspectos de Marte y Júpiter, el nativo puede alcanzar posiciones de prestigio, aunque a menudo con un esfuerzo desproporcionado respecto al objetivo logrado. En el caso de las mujeres, puede manifestarse cierta inhibición energética, especialmente en el plano sexual. En general, se trata de personas que reprimen sus impulsos naturales, lo que puede derivar en importantes complejos de personalidad.

Aries con Saturno en Tauro

Aquí, Aries adopta una actitud más sistemática y un enfoque más riguroso frente a los desafíos de la vida, lo que le permite no dispersar sus energías y dirigirlas de forma más eficiente. Esta combinación puede producir personas que actúan únicamente en función de su propio interés, moviéndose solo cuando ven alguna ventaja clara, y bloqueando cualquier acción cuando intuyen que puede ser inútil. Suelen actuar con escasa confianza y una notable falta de optimismo. Sus relaciones personales también pueden verse afectadas por cierta desconfianza y una tendencia a posiciones rígidas. No obstante, en muchos casos, esta posición beneficia a Aries, permitiéndole actuar con mayor prudencia y un mejor sentido de la realidad. En el plano físico, hay riesgo de infecciones relacionadas con la garganta y las cuerdas vocales.

Aries con Saturno en Géminis

Posición favorable, que puede ayudar a Aries a sacar más provecho de sus acciones, dotándolas de mayor racionalidad y coherencia. Si el nativo se dedica a la política —y no hay malos aspectos de Marte y Júpiter— esta posición puede convertirse en una ventaja decisiva, ayudándole a gestionar incluso las relaciones más difíciles. La fluidez de Géminis, combinada con el control de Saturno, le otorga una consistencia especial que favorece el éxito y permite actuar tras un análisis minucioso de los hechos. Si el Sol y Saturno forman un sextil (60º), esta configuración ofrece una protección destacable contra enfermedades infecciosas, accidentes e impulsos descontrolados. El coraje, en este caso, nunca es un fin en sí mismo, sino el resultado de decisiones meditadas.

Aries con Saturno en Cáncer

Esta es una posición compleja, especialmente para las mujeres, ya que puede afectar la feminidad y la maternidad. Suele indicar dificultades en la relación con el padre y, en el caso de los hombres, también con la madre. La juventud suele ser el periodo más difícil, ya que los esfuerzos por progresar parecen producir el efecto contrario. La vitalidad ariana choca con la dureza de Saturno, que no perdona el mínimo error. Aunque el coraje está presente en ambos sexos, a menudo es puesto a prueba por obstáculos que retrasan logros merecidos o los hacen menos satisfactorios de lo esperado. En el plano afectivo, las relaciones rara vez brindan las alegrías soñadas, y suelen presentarse trabas antes de alcanzar un amor pleno. Hay riesgo de problemas digestivos y endurecimiento arterial.

Aries con Saturno en Leo

Excelente posición para que Aries concrete, aunque a largo plazo, sus aspiraciones. La impaciencia ariana encuentra en Saturno la resistencia y constancia necesarias para consolidar sus logros. El éxito está casi siempre asegurado, aunque llega tras períodos difíciles y alguna que otra decepción. La paternidad o maternidad suelen darse en edades más maduras, con resultados generalmente positivos. Las tensiones arianas con la autoridad tienden a suavizarse, aunque surge una cierta rigidez y falta de autocrítica que puede generar dificultades financieras y en inversiones. Sin embargo, el poder es deseado y, en la mayoría de los casos, alcanzado. La salud suele ser buena y duradera.

Aries con Saturno en Virgo

Gran capacidad de análisis y resistencia frente a los desafíos cotidianos. Aries logra controlar mejor sus impulsos, aunque pierde parte del brillo que caracteriza sus acciones. El ímpetu ariano se somete a la racionalidad saturnina, buscando caminos menos agresivos para manifestarse. La paciencia, el cuidado en los detalles y la seriedad reforzada favorecen al nativo en sus luchas. Sin embargo, existe cierto riesgo de estrechez mental, avaricia y egoísmo, así como decisiones no siempre acertadas.

Aries con Saturno en Libra

Una combinación desafiante, que puede generar resultados opuestos. Saturno en Libra es muy fuerte y puede debilitar la energía solar de Aries, creando dificultades en las relaciones personales, especialmente entre hombres y mujeres. Las mujeres con esta posición pueden rechazar la idea de ser subordinadas a un hombre, optando por la independencia profesional o aceptando relaciones insatisfactorias. En los hombres, puede alternar entre conformismo absoluto y agresividad sin motivo aparente. Esta oposición Sol-Saturno es compleja, pero buenos aspectos con otros planetas pueden suavizarla. Es recomendable vigilar la salud de los riñones, huesos y cabeza.

Aries con Saturno en Escorpio

La actividad amorosa e impulsiva de Aries se reduce notablemente bajo esta influencia, afectada por un difuso sentido de culpa que frena la espontaneidad. Tanto hombres como mujeres pueden volverse más autoritarios y distantes, dificultando las relaciones íntimas. Falta el típico placer de vivir a la luz del día de Aries, sustituyéndolo por actitudes más cerradas y atormentadas, con tendencia al moralismo excesivo. Como en otras combinaciones tensas, Marte y Júpiter pueden ofrecer una vía de escape positiva si forman buenos aspectos.

Aries con Saturno en Sagitario

Excelente combinación que aporta sabiduría sin apagar la iniciativa y el entusiasmo ariano. El resultado es una persona alegre y entusiasta, pero también prudente y sensata, que evita pasos en falso. El coraje frente a las dificultades permanece intacto, pero siempre es el fruto de decisiones meditadas y nunca de impulsos belicosos sin sentido. La autoconciencia y el sentido de la responsabilidad se combinan con un notable encanto personal. Saturno añade un toque de humor que desdramatiza tensiones.

Aries con Saturno en Capricornio

Aries deberá contener su ímpetu y adaptarse a procesos más lentos antes de hallar estabilidad. Problemas familiares pueden restarle el optimismo natural, dejando vacíos emocionales que impactan en su vida social. Con buenos aspectos de Marte y Júpiter, la situación mejora, aunque rara vez sentirá plena satisfacción. La relación con el padre o una figura paternal es clave, a menudo marcada por afecto no expresado o restricciones que dejan cicatrices emocionales.

Aries con Saturno en Acuario

Excelente relación entre estos dos signos. Aries gana claridad mental y originalidad sin perder su esencia. El rechazo a las reglas externas se combina con un juicio claro y crítico, que favorece un crecimiento sólido. El sentido de sacrificio, a veces arrogante en Aries puro, se vuelve consciente y selectivo, dirigido a objetivos valiosos. La relación con una figura mayor (padre o mentor) suele ser clave para superar egoísmos y lograr organización. El éxito es casi seguro, especialmente en actividades independientes.

Aries con Saturno en Piscis

El control de Saturno actúa suavemente, casi imperceptible, dotando a Aries de una visión más realista sin apagar su iniciativa. Mantiene su coraje y entusiasmo, pero con una mayor capacidad de evaluación. Esta combinación es favorable para el arte, el humanitarismo o sectores donde se requiera racionalidad y sensibilidad. Las influencias de Júpiter y Neptuno definirán la orientación final de esta energía.

Cuarta parte

LAS PREVISIONES PARA ARIES

Las vibraciones anuales, mensuales y diarias

Se trata de nueve energías numéricas en rotación que sirven como complemento a las previsiones astrológicas. Basadas en el calendario, estas energías actúan sucesivamente sobre los signos, condicionando la forma en que se expresan.

Durante el periodo en que un número rige sobre nuestro signo, es de esperar que dicha vibración se manifieste tanto en lo externo como en lo interno, aunque la forma en que cada persona responda a esas influencias dependerá de su actitud y decisiones.

Las vibraciones son valiosas consejeras. Tenerlas en cuenta puede ofrecernos protección y ayudarnos a resolver situaciones complicadas o transitar períodos astrológicos desfavorables.

Cuando las circunstancias mejoran, ignorar o contradecir estas vibraciones puede activar sus aspectos negativos, dificultando o incluso malogrando nuestras oportunidades de éxito.

Como estamos permanentemente bajo la influencia de tres vibraciones simultáneas (anual, mensual y diaria), es importante considerar que:

- La vibración mensual está condicionada por la vibración anual.
- La vibración diaria está subordinada a la vibración mensual.
- La vibración mensual incide especialmente sobre la casa astrológica que corresponde al signo durante ese mes.

Si queremos detallar aún más la influencia diaria, podemos observar la posición de la Luna cada día, ya que su recorrido añade matices significativos.

Dado que estas vibraciones están vinculadas al calendario, conviene tener en cuenta ciertas pautas clave:

- Desde octubre comienzan a percibirse indicios de la vibración anual siguiente.
- A partir del día 27 de cada mes, se abre un periodo de influencias mixtas que combina la vibración saliente con la del mes entrante.
- Desde las 22:00 h, ocurre un fenómeno similar a nivel interno, afectando especialmente los procesos emocionales y psicológicos.

Cómo hallar la vibración anual, mensual y diaria para cada signo del zodiaco

TABLA 1

Signo	Vibración anual		Signo	Vibración anual	
	2024	**2025**		**2024**	**2025**
Aries	1	2	Libra	7	8
Tauro	2	3	Escorpio	8	9
Géminis	3	4	Sagitario	9	1
Cáncer	4	5	Capricornio	1	2
Leo	5	6	Acuario	2	3
Virgo	6	7	Piscis	3	4

TABLA 2

Enero	1	Mayo	5	Septiembre	9
Febrero	2	Junio	6	Octubre	1
Marzo	3	Julio	7	Noviembre	2
Abril	4	Agosto	8	Diciembre	3

Guía actualizada 2025: Cálculo de vibraciones para los 12 signos

Para conocer la **vibración mensual** de cualquiera de los 12 signos, debes sumar el número asignado en la **Tabla 1** al número correspondiente al mes en cuestión, según la **Tabla 2**.

Ejemplo práctico:
Para **Tauro** en **mayo de 2025**:
Vibración anual 2025 (2) + número de mayo (5) = **7**, que es la vibración mensual.

Para calcular la **vibración diaria** de cualquier día del mes, suma la vibración mensual al número reducido del día (suma los dígitos de la fecha).

Ejemplo: El **22 de mayo de 2025**:
Vibración mensual (**7**) + día (2+2=4) = 11 → (1+1) = **2**.
Resultado: vibración diaria 2.

Resumen:
Todos los Tauro, el 22 de mayo de 2025, estarán bajo:
- **Vibración anual:** 2
- **Vibración mensual:** 7
- **Vibración diaria:** 2

Descripción de las vibraciones anuales

Vibración Anual 1
Año dinámico e innovador. El 1 impulsa la acción y el cambio, pero exige esfuerzo y decisiones importantes. Propicia grandes transformaciones, ya sean abruptas o progresivas.
Febrero y noviembre traen resultados favorables.
Octubre será clave para cuidar y fortalecer contactos importantes.

Vibración Anual 2
Año centrado en relaciones y asociaciones. Ideal para quienes buscan pareja o mayor apertura social.
Marzo aporta una nueva perspectiva emocional.
Enero, febrero, octubre y noviembre serán desafiantes en el ámbito familiar.
Diciembre será muy activo socialmente.

Vibración Anual 3
Año de intensa vida social. Excelente para creatividad, estudios y proyectos colaborativos. Sin embargo, puede haber dispersión y altibajos emocionales.
Desde **febrero**, habrá que ajustar estrategias.
Junio trae cambios y nuevos intereses.
En **octubre**, perderás interés por algo que antes era clave.

Vibración Anual 4
Con paciencia y constancia, el 4 permite grandes avances, sobre todo en trabajo y temas materiales.
Favorece encontrar felicidad en lo simple.
Marzo, abril y diciembre son óptimos para mejoras familiares y domésticas.
Junio desbloquea situaciones estancadas.

Vibración Anual 5

Año de exploración y aprendizaje. Propicia desarrollar nuevas habilidades y caminos.

Febrero y junio destacan por eventos sociales inesperados.
Julio y agosto traen tensiones en relaciones ya establecidas.
Agosto es ideal para trabajos temporales.

Vibración Anual 6

Año para evaluar estilo de vida y aspiraciones.
Febrero, marzo, noviembre y diciembre traen avances significativos.
Junio es ideal para decisiones internas importantes.

Vibración Anual 7

Año introspectivo, lleno de pruebas y aprendizajes espirituales.
El autoanálisis y la especialización serán clave.
Enero y febrero traen novedades familiares.
El último trimestre marca un período más estable y decisivo.

Vibración Anual 8

Año de ambición, metas concretas y crecimiento profesional.
Exige eficiencia y ética.
Entre **mayo y junio** habrá decisiones clave.
Septiembre será tenso y traerá preocupación por el futuro.

Vibración Anual 9

Año de cierre y renovación. Ideal para revisar creencias y estructuras obsoletas.
Contratiempos serán lecciones importantes.
Alejamientos y cambios de ciclo son probables.
Marzo y abril exigirán atención simultánea en varios frentes.

Descripción de las vibraciones mensuales

Vibración Mensual 1

Mes para brillar, atraer atención y buscar apoyos. Nuevas personas e ideas cruzarán tu camino.
Cuidado con intromisiones y situaciones que exijan respuestas rápidas.

Vibración Mensual 2
Mes para cooperar y adaptarse. Sensibilidad y tacto serán clave.
Posible atracción especial por alguien o algo.
Riesgo de no encontrar eco a tus aspiraciones.

Vibración Mensual 3
Mes para disfrutar lo social y expresar ideas con estilo.
Evita dispersión y no confíes demasiado en la suerte.

Vibración Mensual 4
Mes de esfuerzo y constancia.
Posible necesidad de aplazar proyectos hasta el momento correcto.
Momento ideal para mejorar habilidades.

Vibración Mensual 5
Mes de sorpresas y cambios rápidos.
Abre la mente, explora nuevas oportunidades, pero con criterio.
Habrá avances.

Vibración Mensual 6
Mes centrado en relaciones familiares y vínculos cercanos.
Posible devolución de favores.
Riesgo de disgustos o tensiones.

Vibración Mensual 7
Mes introspectivo, propicio para la reflexión.
A mitad de mes, algo se aclara.
Riesgo de sentirte incomprendido.

Vibración Mensual 8
Mes de justicia kármica.
Tus acciones traen consecuencias claras.
Momento para negociar, pedir ayuda o ceder en algo.

Vibración Mensual 9
Mes de evaluación y cierre de ciclos.
Atiende a personas y asuntos lejanos.
Ideal para reflexionar y cerrar capítulos internos.

Descripción de las vibraciones diarias

Vibración Diaria 1
Días de acción y protagonismo.
Poca tranquilidad mental o física.

Vibración Diaria 2
Días de alta sensibilidad.
Riesgo de cambios de humor que afecten el rendimiento.

Vibración Diaria 3
Poca tolerancia a la rutina.
Busca escapes para el mal humor.

Vibración Diaria 4
Días para organizar, planificar y poner orden.
Si es un día pasivo, haz lo posible sin culpas.

Vibración Diaria 5
Día de aprendizajes inesperados.
Mantente alerta: lo planeado cambiará.

Vibración Diaria 6
Día para cooperar sin invadir.
Buen momento para mostrar afecto.

Vibración Diaria 7
Día de revelaciones y coincidencias.
Bajo rendimiento físico, cuidado.

Vibración Diaria 8
Día clave para actuar con eficiencia.
Pequeñas acciones tendrán gran impacto.

Vibración Diaria 9
Día de revelaciones inesperadas.
Atención a reacciones emocionales bajo presión.

Previsiones 2025 para Aries

Tendencias Generales

2025 trae expansión de conocimientos, metas cumplidas y logros profesionales gracias al tránsito de Júpiter en Sagitario.
Septiembre, octubre e invierno complican amistades por tensiones con Urano.

Trabajo y Economía

Júpiter y Saturno favorecen la estabilidad y el crecimiento, sobre todo en primavera.
Nacidos en el tercer decanato serán los más beneficiados.
Atención a cambios legales y tecnológicos.

Amor

Saturno en la Casa 5 intensifica relaciones serias y conflictos.
Venus en Aries (febrero-marzo) favorece reconciliaciones.
Relaciones virtuales y de viajes ganan protagonismo.
Júpiter apoya bodas o divorcios.

Hogar y Familia

Marte en Cáncer impulsa reformas domésticas.
Eclipses (marzo-septiembre) afectan relaciones familiares.
Agosto traerá tensiones con hijos.

Salud

Eclipses en Casas 6 y 12 afectan bienestar físico y mental.
Controla excesos y estrés.
Mejorías visibles desde noviembre.

Lunaciones y entrada del Sol en los signos en el año 2025 para Aries

	Luna nueva		Luna llena	
C. 10			3/1	12 Cáncer
	19/1	28 Capricornio		
C. 11	20/1	Sol en Acuario		
			2/2	13 Leo
	17/2	28 Acuario		
C. 12	19/2	Sol en Piscis		
			4/3	13 Virgo (Eclipse total)
	19/3	28 Piscis (Eclipse total)		
C. 1	21/ 3	Sol en Aries		
			2/4	12 Libra
	17/4	27 Aries		
C. 2	20/4	Sol en Tauro		
			2/5	11 Escorpio
	16/5	25 Tauro		
C. 3	21/5	Sol en Géminis		
			1/6	10 Sagitario
	15/6	23 Géminis		
C. 4	21/6	Sol en Cáncer		
			30/6	8 Capricornio
	19/7	21 Cáncer		

	Luna nueva		Luna llena	
C. 5	23/7	Sol en Leo	30/7	6 Acuario
	13/8	19 Leo		
C. 6	23/8	Sol en Virgo	28/8	4 Piscis (Eclipse total)
	11/9	18 Virgo (Eclipse parcial)		
C. 7	23/9	Sol en Libra	26/9	3 Aries
	11/10	17 Libra		
C. 8	23/10	Sol en Escorpio	26/10	2 Tauro
	10/11	17 Escorpio		
C. 9	22/11	Sol en Sagitario	24/11	1 Géminis
	9/12	17 Sagitario		
C. 10	22/12	Sol en Capricornio	29/12	1 Cáncer

Previsiones para el signo Aries en el año 2026

Tendencias generales: progresos continuos

Durante 2026, Aries no tendrá tránsitos ni aspectos mayores de los planetas lentos, salvo la influencia de Neptuno desde la Casa 11, que afectará especialmente a los nacidos entre el 10 y el 14 de abril. No obstante, la protección general de Neptuno se hará sentir en todo el signo, especialmente en septiembre y durante el invierno, con efectos positivos tanto en el ámbito profesional como en la vida personal.

La pauta astral más destacada vendrá de la mano de los buenos ángulos de Júpiter y Saturno, que se mantendrán favorables hasta noviembre de 2026. Será un año marcado por cierta estabilidad, en especial en el área social y profesional, aunque muchos Aries podrían sentir que los resultados obtenidos no están a la altura de sus esfuerzos.

2026 será un buen año para los Aries que buscan su primer empleo o que desean emprender un negocio propio. Quienes llevan años consolidando su carrera laboral también recibirán recompensas o reconocimientos especiales.

Eso sí, el mal ángulo de Júpiter desde la Casa 10 podría complicar las cosas a los Aries del primer decanato en enero y a los del tercer decanato a mediados de noviembre. Además, las estaciones de Júpiter afectarán a los nacidos el 5 y el 12 de abril, posiblemente trayendo dificultades laborales y económicas. Sin embargo, conviene no alarmarse: el buen ángulo de Júpiter con Urano, regente de la Casa 11, traerá influencias positivas en el terreno laboral hasta junio y durante el otoño.

Plutón, por su parte, comenzará una larga estancia en Capricornio y en la Casa 10, influyendo más directamente sobre los Aries nacidos al principio del signo. Su impacto se intensificará para todo Aries alrededor del eclipse de agosto, lo que provocará una reubicación o reajuste de diversos aspectos de la vida.

Mercurio, regente de las Casas 3 y 6, tendrá tránsitos prolongados por signos de Aire:

- Del 8 de enero al 14 de marzo en la Casa 11.
- Del 3 al 10 de mayo en la Casa 3, coincidiendo con una fase de logros y gran actividad.
- Del 29 de agosto al 4 de noviembre en la Casa 7, donde los juegos de poder y las alianzas serán clave.

En cuanto a la anualidad, los nacidos hasta el 2 de marzo tendrán a Mercurio en Piscis, mientras que el resto lo tendrán en Aries. Los nacidos alrededor del 27 de marzo vivirán momentos de suerte y nuevas oportunidades con vistas al próximo año. En cambio, los nacidos el 13 de abril podrían enfrentarse a contratiempos relacionados con documentos, transporte o la familia política.

Vibración anual: solicitudes de todos los colores

Al 10 de 2025 se le suma el 1 de Aries, resultando en el número 2 y el 11. Esto señala incidencias externas que afectarán las relaciones: el 2 indica asuntos íntimos y privados, mientras que el 11 apunta a la influencia de amigos y grupos sociales.

La presencia de Neptuno y el Nodo Norte en la Casa 11 se irá volviendo más evidente a lo largo del año, sobre todo desde septiembre.

El eclipse de febrero en la Casa 11 desencadenará un efecto dominó que podría extenderse hasta marzo. Algunos Aries enfrentarán crisis vinculadas a un amigo íntimo o un hermano mayor. El número 2, por su parte, favorecerá las colaboraciones y el trato con personal subalterno e intermediarios.

Trabajo y economía: trabajando para el futuro

Con la retirada de los buenos aspectos de los planetas mayores, a Aries podría costarle un poco más responder a la exigente energía de su arquetipo, aunque no hay motivos para preocuparse.

La futura visita de Júpiter y Urano al signo abrirá, en unos años, una nueva etapa para los Aries más emprendedores. El presente es un período de preparación y adaptación a las exigencias venideras.

El verano traerá un impulso especial a quienes trabajen en actividades propias de la temporada, gracias a la fuerte incidencia de Virgo. Mientras tanto, Sagitario beneficiará a quienes trabajen en áreas vinculadas a fiestas y celebraciones.

2025 no será el mejor año para aventuras financieras o inversiones arriesgadas. Muchos Aries experimentarán un proceso de reorganización económica.

Las buenas influencias de Júpiter y Urano favorecerán la implantación de nuevas tecnologías, reformas estructurales y reorganización de personal.

A lo largo del año, Aries enfrentará presiones relacionadas con la gestión de su tiempo laboral y personal, lo que requerirá ajustes en sus horarios y tiempos libres.

La presencia de Marte en Cáncer favorecerá a quienes trabajen desde casa o gestionen negocios familiares.

Vida amorosa: otoño prometedor

En 2025, el foco estará en el trabajo y el ámbito profesional, lo que podría llevar a muchos Aries a relegar su vida sentimental.

El Nodo Sur en la Casa 5 podría propiciar cierta huida emocional en los Aries más inquietos.

El eclipse solar de agosto, en la Casa 5, complicará las primeras dos semanas del mes en asuntos amorosos. Sin embargo, con diálogo, todo podrá solucionarse.

Venus en Aries, del 6 al 30 de abril, no será especialmente favorable para el amor. Los nacidos el 7 de abril tendrán que lidiar con interferencias externas en sus relaciones, debido al ángulo tenso de Plutón.

En cambio, los nacidos los primeros días de abril, a pesar de Plutón, contarán con el apoyo de Venus y Mercurio en la Casa 12, facilitando romances durante viajes. Lo mismo ocurrirá con los nacidos entre el 27 y el 29 de marzo, quienes podrán encontrar oportunidades amorosas en viajes largos.

Para los nacidos en la primera mitad de Aries, Venus en Piscis (Casa 12) propiciará encuentros secretos, despertando su instinto protector.

Marte en la Casa 5, entre mayo y julio, traerá buenas oportunidades para iniciar nuevas relaciones, especialmente entre finales de mayo y mediados de junio.

El regreso de las vacaciones será complejo para todos, pero Aries deberá prestar especial atención a escuchar a su pareja.

El puente de diciembre, aunque breve, será muy positivo para el amor, sobre todo los días 7 y 8.

Momentos de crisis podrían surgir, especialmente a mediados de enero, durante febrero por el eclipse solar y en agosto. Conviene estar alerta.

Hogar y familia: de todo un poco

La economía familiar podría atravesar altibajos, siempre ligados al bienestar y estabilidad de la familia.

Muchos Aries resolverán pequeños conflictos con padres y suegros, pero tendrán que prestar más atención a las necesidades de la familia política y de tíos y tías.

Con Marte en la Casa 4 entre marzo y el 10 de mayo, será un buen momento para reformas y mejoras en el hogar, sin descuidar la seguridad de propiedades secundarias. Estas semanas serán propicias para mudanzas, compraventas o traslados.

El eclipse de agosto resaltará posibles problemas relacionados con los hijos, a quienes habrá que dedicar más atención.

Salud: lidiando con nodos y eclipses

El eclipse total de febrero en Virgo (Casa 6) marcará el inicio de un ciclo de recarga energética previa al cumpleaños de Aries. Este eclipse lunar influirá en dolencias digestivas, respiratorias y de estrés, invitando a un cambio de hábitos.

En marzo, muchos Aries podrían experimentar síntomas somáticos o emocionales que generen desmotivación, un patrón que podría repetirse durante el año.

Entre julio y agosto, la conjunción Marte-Saturno recomienda salir de vacaciones bien preparados, prestando atención a tobillos, pies, ojos y espalda.

El otoño será delicado para quienes padezcan problemas urológicos o sexuales.

Un tenso aspecto Saturno-Urano a final de año afectará el sueño y el manejo del estrés. En diciembre, el cansancio acumulado exigirá prudencia y descanso.

Lunaciones y entrada del Sol en los signos en el año 2025 para Aries

	Luna nueva		Luna llena	
C. 10			24/12	1 Cáncer
	8/1	17 Capricornio		
C. 11	20/1	Sol en Acuario		
			22/1	1 Leo
	7/2	17 Acuario (Eclipse parcial)		
C. 12	19/2	Sol en Piscis		
			21/2	1 Virgo (Eclipse total)
	7/3	17 Piscis (Eclipse total)		
C. 1	20/3	Sol en Aries		
			21/3	1 Libra
	6/4	16 Aries		
C. 2	19/4	Sol en Tauro		
			20/4	0 Escorpio
	5/5	15 Tauro		
			20/5	29 Escorpio
C. 3	20/5	Sol en Géminis		
			18/6	27 Sagitario
	3/6	13 Géminis		
C. 4	21/6	Sol en Cáncer		
			18/7	26 Capricornio
	3/7	11 Cáncer		
C. 5	22/7	Sol en Leo		
	1/8	9 Leo (Eclipse total)		
			16/8	24 Acuario (Eclipse parcial)

C. 6	22/8 Sol en Virgo 30/8 7 Virgo	
		15/9 22 Piscis
C. 7	22/9 Sol en Libra 29/9 6 Libra	
		14/10 21 Aries
C. 8	23/10 Sol en Escorpio 28/10 5 Escorpio	
		13/11 21 Tauro
C. 9	21/11 Sol en Sagitario 27/11 5 Sagitario	
		12/12 21 Géminis
C. 10	21/12 Sol en Capricornio 27/12 6 Capricornio	

Pronóstico general
hasta el año 2030

Con el inicio del siglo XXI, entramos en una era fascinante. A medida que avanzan los años, sentimos con más fuerza que nos aproximamos a la tan esperada era de Acuario, aunque esta no llegará plenamente hasta el próximo siglo, es decir, el siglo XXII. De hecho, hasta entonces no podrá darse por cerrada la era anterior, una etapa de más de 2.000 años, cuyo cierre definitivo tendrá un impacto global. Será el preludio de una nueva espiritualidad, una forma renovada de religiosidad.

No es novedad señalar que los cambios más profundos en estos años vendrán impulsados por los avances en los medios de comunicación y el transporte. La llamada "sociedad de la información", que apenas ha comenzado a consolidarse, será la base subyacente de cualquier otro adjetivo que pueda describir nuestro tiempo. El maxiciclo que marca los grandes procesos de civilización —el ciclo de Neptuno-Plutón iniciado en el Renacimiento— permanecerá durante milenios en Géminis, signo que marcará el ritmo de los demás ciclos planetarios con los que los astrólogos siempre han analizado la historia.

La aspiración ancestral de viajar más allá de nuestro planeta azul está cada vez más cerca de convertirse en realidad. Sin embargo, los objetivos de estas exploraciones serán múltiples y, pese a los mitos y paradigmas de unidad y fraternidad global que marcarán los próximos 2.000 años, la naturaleza humana no cambiará en esencia. Lo que sí cambiará es la exigencia de adaptar nuestras conductas y mentalidades a un entorno estelar lleno de enigmas. El siguiente paso lógico será aplicar ese mismo esfuerzo al vecindario más próximo: el planeta entero. Si revisamos la historia, todo parece conducirnos hacia allí. El concepto de entorno se amplía y, aunque no lleguemos a dominarlo completamente, la tentación de hacerlo será irresistible.

La síntesis de los medios de comunicación alcanzará niveles asombrosos, y toda la memoria y actualidad del entorno donde cada persona viva podrá llevarse literalmente en la muñeca, como un reloj. Sin embargo, este progreso acentuará también el individualismo, convirtiendo al hombre en un ser cada vez más solitario, aunque sin abandonar del todo su participación obligada en el grupo. En ese contexto, la familia y la pareja podrán evolucionar en direcciones opuestas: o se revalorizarán o se disolverán en nuevas formas de convivencia.

Para que la curiosidad de Géminis —signo que simboliza al adolescente cósmico— fluya sin obstáculos y desarrolle el cuerpo mental, etapa clave de evolución según todas las tradiciones esotéricas, será cada vez más necesaria la unidad mundial, sin que eso signifique anular la diversidad entre países y regiones. Se movilizará una enorme cantidad de energía para lograr ese objetivo, saltando por encima de cualquier barrera estructural que lo obstaculice.

En consecuencia, se reforzará y acentuará, tanto a nivel personal como colectivo, una característica clave de Piscis (signo de la era que finaliza): la navegación entre dos aguas. Viviremos entre un mundo que se desvanece —más local, predecible y parroquial— y uno nuevo, lleno de incertidumbre y expectativas. Neptuno, en Piscis desde 2011 hasta 2026, sacará a la superficie la síntesis de lo positivo y negativo de los últimos 2.000 años, dando lugar a reacciones extrañas, incluidos mesianismos de todos los signos, cada cual más extravagante.

Lo verdaderamente asombroso del siglo XXI no serán tanto los avances científicos prodigiosos que anticipan la era de Acuario —en particular en el ámbito médico y sanitario, debido a los tránsitos de Neptuno y antes de Urano por Piscis entre 2004 y 2010—, sino el nuevo statu quo global que comenzará a configurarse alrededor de 2060. Este cambio probablemente estará ligado a la transformación de Estados Unidos hacia un sistema más acorde a su potencial y su papel global, así como a la integración formal de las Américas, proceso que se acelerará en las próximas décadas. Mientras tanto, la Europa atlántica desempeñará un papel clave en todo el continente, acorde con su fase actual de desarrollo civilizatorio.

Estas nuevas reglas de juego permitirán que más personas participen en la transformación y disfruten de los beneficios de los avances tecnológicos. Se definirán con mayor claridad las áreas donde estas nuevas fórmulas tendrán mayor efecto y continuidad. Sin embargo, si algo destaca como desafío pendiente desde finales del siglo XX, es la creciente desigualdad global, cuya solución parece lejana.

Cabe la posibilidad de que surja o se consolide una clase social intermedia a nivel mundial, similar a la actual, que comparta valores comunes pese a las diferencias locales. Pero antes de que eso ocurra, los problemas serán otros.

Analizando la expansión y contracción de los ciclos planetarios, los primeros veinte años del siglo XXI mostraron un notable ascenso de los ciclos de los planetas mayores —Urano, Neptuno y Plutón—, aquellos que marcan las tendencias civilizatorias. Aunque atravesaron fases críticas, garantizaron un gran salto cualitativo, cuyo precio no es menor.

Posteriormente, el contacto de Júpiter y Saturno —reguladores sociales, económicos y políticos— con esos planetas transpersonales provocará una severa caída hacia 2027, marcando el declive más pronunciado registrado desde los siglos XIX y XX. Luego vendrá una lenta recuperación.

Este declive comenzó ya con la conjunción Júpiter-Saturno en Tauro en el año 2000, ciclo que se renueva cada 20 años. Entre 2000 y 2003, Júpiter y Saturno, aún en conjunción en Géminis, iniciaron ciclos descendentes con Plutón en Sagitario. Este periodo señaló un clima de máxima tensión en temas raciales, religiosos, inmigración, terrorismo, catástrofes naturales, petróleo y transporte, afectando a las primeras víctimas de este pesado ciclo histórico.

Los años 2004 y 2005 fueron de grandes desilusiones colectivas debido a las malas configuraciones de Neptuno en Acuario. Desde entonces, se ha hecho evidente que algo falla en el nuevo camino global, desencadenando un efecto dominó cuyas consecuencias aún estamos afrontando. Estos procesos no suelen estallar de inmediato, sino que se gestan durante cinco años antes de cada conjunción y se consolidan tras ella.

Este futuro probable, materializándose cuatro o cinco años después, generó un temor profundo, muchas veces inconsciente, sobre cualquier nuevo proyecto iniciado en este siglo. La seguridad prometida por Júpiter-Saturno en Tauro se vio amenazada por la influencia disruptiva de Urano en Acuario, indicando amenazas desde cualquier flanco.

Al producirse en signos fijos, no fue fácil abandonar costumbres arraigadas, lo que llevó a muchos a adoptar actitudes fatalistas o a cuestionar el progreso, reviviendo el mito de Saturno castrando a Urano. Esto anticipó un punto crítico hacia 2009-2010, cuando Júpiter y Saturno en oposición, con Urano ingresando en Aries y Plutón en Capricornio (donde permanecerá hasta 2023), desencadenaron grandes convulsiones. La triple repetición de esa oposición la hizo aún más inusual.

La mayoría de los horóscopos de países y tratados internacionales se vieron afectados. Será más fácil violar acuerdos que sostenerlos, y la diplomacia tendrá poco margen. Al involucrar signos cardinales, se prevén emergencias generalizadas y grandes conflictos. Surgirán poderes paralelos que desafiarán a los establecidos, potenciados por la macroeconomía surgida en los 90 y reforzada por la conjunción en Tauro, alterando el mapa productivo y las fronteras reales y simbólicas.

El último tramo, entre 2022 y 2027, es el más delicado, especialmente en Oriente Medio (excluida China, que sigue protagonizando la mayor revolución de la historia).

Todo esto desembocará en un cambio radical de modelo económico, aunque hasta 2040, con la conjunción Júpiter-Saturno en Acuario, no se vislumbrará cierta estabilización. Desde esa fecha, la humanidad comenzará a salir del túnel, aunque con retrocesos severos.

Desde la perspectiva de mediados del siglo XXI, los primeros 20 años serán vistos como un agujero negro histórico: una advertencia para no repetir errores en relaciones humanas, economía, recursos y equilibrio planetario. Será la primera vez que un colapso así tenga un alcance verdaderamente planetario.